学校で教えない教科書

面白いほどよくわかる
マルクスの資本論

計画主義経済の利点とその問題点

土肥　誠 監修

日本文芸社

はじめに

今の社会は先の見えない社会だ、とよく言われます。安定して優良だと思われていた企業が倒産し、内定取り消しや派遣切り、雇い止め等々の深刻な問題が私たちの前に立ちはだかっています。しかも、職を失っても、それは「自己責任」ということで何の保障もない場合が多いでしょう。派遣で食いつなぐフリーターの多くは、保険にも入れず年金ももらえない状態で日々をなんとか生きているのが現状ではないでしょうか。

能力がないから仕事がない、貧困なのはその人の努力不足などという「自己責任論」が声高に叫ばれています。しかし、フリーターになったのはその人の能力ではなく雇用自体がなかったからではないでしょうか。自分から「自由なライフスタイル」を選択した結果フリーターになったという人も、働けど働けど貧困から抜け出せない悪循環を望んだわけではないでしょう。就職活動での内定取り消しは、完全に企業の都合です。逆に、何でも社会のせいにするなという意見もあります。社会に頼らず自分で貧困から抜け出す。夢の実現のため今は貧困で我慢する…。でも、ちょっと冷静に考えてみてください。個人でどうにかできる問題と、社会が動かなければ解決できない問題とをないまぜにして議論しているということはないでしょうか。個人で解決できる問題であれば、個人で解決すればよいでしょう。だけど失業対策や雇用創出政策は国家がすべきことであり、社会の問題でしょう。自己責任で解決することと社会が解決することを分けて考えるべきなのです。社会が解決すべきことは社会で解決しろと訴えることが必要です。そのために私たちは団結し、社会的な勢力となることが必要なのです。

それには、今の社会の構造を知ることが重要です。今私たちが暮らしているのは、資本主義社会です。従って、まずは資本主義とはどういう社会かということを知ることから始めるべきでしょう。資本主義を知るための最適な書物、それが『資本論』なのです。ところが、『資本論』はご存知のように膨大で難解な本です。日々の仕事をこなしながら、就職活動で足を棒にして企業訪問をした後に、アルバイトで夜遅く帰ってきて『資本論』を読むということはかなり大変なことだと思います。そこで、「これ以上簡単には書けない」というぐらい簡単な『資本論』の解説書を作ってみました。第1巻を中心に解説し、第2巻、第3巻は概略を説明しています。基本的に、『資本論』に沿って内容をわかりやすく書いたつもりです。

ただ、『資本論』は団結するため、闘うためのマニュアルではありません。『資本論』は、資本主義とはどのような構造を持つ社会なのかということを冷徹に分析した本です。怒りや不満を行動に移すのは大事ですが、まず冷静に資本主義を理解し、自分が社会のどのような立場にいるのかということを知ることから始めるべきだと思います。資本主義を理解し、資本主義を別の視点で見ることができるようになれば、この社会をどう変えていくのかということも解ってくるのではないでしょうか。

是非この本を手にとっていただき、今の社会について考え、自分の理想とする社会に向けて行動してほしいと思います。最後に、自分は大丈夫だとタカをくくっている皆さん、マルクスは言っています。「他人事ではないのだ！」と。

２００９年７月

土肥　誠

目次

編集協力／有限会社ユニビジョン
本文デザイン／難波園子
本文イラスト／長野　亨
本文ＤＴＰ／stand off・野澤　作

「資本論」予備知識

序章

労働者のための経済学批判

資本論

Das Kapital

マルクスの『資本論』とはどういうものなのか

カール・マルクスの『資本論』は、いうまでもなく経済学の本です。３部構成となっており、１８６７年に第１巻が刊行、１８８５年に第２巻が、１８９４年に第３巻が刊行されました。

第１巻は、マルクス自身によって発行されたものですが、第２巻、第３巻は、マルクスの死後、遺稿をもとに友人であるフリードリヒ・エンゲルスが献身的に編集し、刊行しました。第４巻に予定されていた学説史部分は、エンゲルスの死後、カール・カウツキーの手によって『剰余価値学説史』として出版されています。

『資本論』の原題はドイツ語で『Das Kapital』、サブタイトルは『Kritik der politischen Öknomie』＝経済学批判です。

その名のとおり、単なる資本主義社会のしくみを明らかにしているだけでなく、労働者のために社会主義的な見地から資本主義を分析しています。労働力が安く買い叩かれ、搾取されていることを初めて明らかにしたといってもよいでしょう。マルクスのライフワークともいえるもので、その影響力はとても強く、後世にも読みつがれています。

マルクスはいろいろな著作で社会主義や共産主義について論じていますが、『資本論』は、資本主義のメカニズムを分析した本なのです。

第１巻が発行されてから１４０年以上も経っていますが、バブルや不況、雇用問題など、現代社会を分析するのにも『資本論』は十分に役立つものであり、その影響力は変わらず大きいのです。

『資本論』基本データ

●著者　カール・マルクス

●原題　ドイツ語で『Das Kapital』
サブタイトルは『Kritik der politischen Ökonomie』＝経済学批判

●構成

第1巻　1867年に刊行（マルクス自身による著作）

第2巻　1885年に刊行
第3巻　1894年に刊行
マルクスの死後、遺稿をもとにフリードリヒ・エンゲルスが編集し、刊行

｛※第4巻に予定されていた学説史部分は、エンゲルスの死後、カール・カウツキーの手によって『剰余価値学説史』として出版された｝

●テーマ

資本主義社会のしくみを明らかにしているだけでなく、労働者のために社会主義的な見地から資本主義を分析。

労働力が安く買い叩かれ、搾取されていることを初めて明らかにした書。

資本論

Das Kapital

カール・マルクスを知る①

裕福な自由主義者の家庭に育ったマルクス

『資本論』を理解するためには、著者カール・マルクスの生涯とその時代背景を知ることが大変重要なので、順に紹介していきましょう。

マルクスは1818年5月5日、ドイツのプロイセン領ライン州トリール市のユダヤ人家庭に9人兄妹の3番目として生まれました。父親のハインリヒ・マルクスはユダヤ教の律法学者で、弁護士をしていました。のちにトリールの法律顧問官も務め、母親の実家も何百年も続いた律法学者の家系で、一家はとても裕福でした。

父ハインリヒはフランス啓蒙主義を賛美する自由主義者で、ジョン・ロック、ヴォルテール、ルソーなどを尊敬していました。一家はマルクスが生まれる前後にユダヤ教からプロテスタントに改宗しています。

マルクスは12歳でフリードリヒ・ヴェルヘルム・ギムナジウム（高等学校）に入学し、5年在籍したのち、ボン大学に進学して法学を学びます。その後、さらに法律を学ぶためにベルリン大学へ入学。哲学者ヘーゲルが招かれ『法の哲学』を書いた大学です。ヘーゲルは31年コレラで急逝するまで思想界に君臨しました。

フォイエルバッハという哲学者もヘーゲルの講義を聞いたひとりですが、のちに反旗を翻して唯物論を唱えます。このヘーゲルとフォイエルバッハからマルクスは大きな影響を受けます。

大学在学中に幼なじみのイェニーという女性と婚約もします。イェニーは地元きっての名家で貴族であるヴェストファーレン家の娘で、マルクスより4歳年上でした。

カール・マルクスを知る①

1818年5月5日	ドイツ・プロイセン領ライン州トリール市に生まれる
1820年	エンゲルス生まれる
1830年（12歳）	フリードリヒ・ヴェルヘルム・ギムナジウム（高等学校）に入学
1835年（17歳）	ギムナジウム卒業 ボン大学法学部に進学
1836年（18歳）	イェニーと婚約 ベルリン大学法学部に入学

◉ヘーゲルとヘーゲル哲学

ゲオルク・ヴィルヘルム・フリードリヒ・ヘーゲル（1770－1831年）はドイツ観念論哲学の代表者で、1818年以降、ベルリン大学の教授となり、31年コレラで急逝。

世界は唯一絶対の理性の自己発展であり、世界史は絶対精神の弁証法的発展過程として、カント以来のドイツ観念論に弁証法を導入し、包括的哲学体系を樹立した。『法の哲学』の中の**「理性的な者は現実であり、現実的な者は理性的である」**という言葉は有名。ヘーゲル学派の左派に「青年ヘーゲル学派」のフォイエルバッハらがいる。

資本論

Das Kapital

カール・マルクスを知る②

ベルリン大学とドクトル・クラブの頃

ベルリン大学でのマルクスは、法の勉強は哲学なしにはできないと知り、ヘーゲル哲学の研究に没頭。哲学を通して歴史や法、文学、自然などの本を読みあさります。読んだ本から抜書きをつくる習慣をこの頃に身につけたのでした。

しかし、この新しい倫理学への挑戦ともいうべき試みは徒労に終わり、心労がたまったマルクスは医者のすすめで郊外のシュトラロウで療養します。ここで若い大学講師ブルーノー・バウエルをリーダーとする青年ヘーゲル派の集まり「ドクトル・クラブ」に入会。彼らはヘーゲル哲学について盛んに論じ合い、マルクスはますます哲学への興味を深くします。

父親からは法学の勉強を忘れていることを責められますが、その父はマルクスが20歳のときに亡くなります。ベルリン大学でマルクスは2年半もかけて古代ギリシア哲学についてのドクター論文を書き、無事ドクターの学位を授けられます。卒業後は大学教師となることを願っていましたが、バウエルが聖書を批判し、ボン大学講師の座を追われたため、マルクスも大学に残ることをあきらめてトリールに帰郷します。

ちょうどその頃、ライン地方の新興ブルジョアジーによって『ライン新聞』発行プランが進められていました。ライン地方は工業が発達した地域で、ブルジョアジーの経済力も貯えられていました。彼らの政治的発言の場として『ライン新聞』を立ち上げようとしていたのです。

マルクスはこの『ライン新聞』の2代目編集主任につくことになります。

カール・マルクスを知る②

1837年（19歳）	ドクトル・クラブ入会
1838年（20歳）	父ハインリヒ・マルクス死去
1841年（23歳）	ベルリン大学卒業 イェーナ大学からドクター位を受ける トリールに帰郷

●ドクトル・クラブとは

「ヘーゲル左派」「青年ヘーゲル派」（俊英にはフォイエルバッハ、シュトラウス、ルーゲ、シュティルナーなどがいた）と呼ばれた進歩的文化人グループのベルリンにおける旗頭ブルーノー・バウエルをリーダーとする、若いヘーゲル派の集まり。マルクスの親友ルーテンベルク、同郷で10歳年上のケッペンなども所属しており、盛んにヘーゲル哲学を論じ合っていたが、やがてヘーゲルを批判するようになり、バウエルとマルクスによってリードされるようになった。

●ヘーゲル批判

歴史は動いていくものであり、運動するものであるとする弁証法を説くヘーゲル哲学であるにもかかわらず、プロイセン国家を絶対的に正しく、神聖なものとするのは間違っていると、ヘーゲル左派は抗議する。

反動的な憲法改悪に反対して追放されたゲッチンゲン大学の7人の教授を擁護するためのデモを行ない、マルクスも参加したといわれる。

資本論

Das Kapital

カール・マルクスを知る③

『ライン新聞』時代とパリ時代

『ライン新聞』はヘーゲル左派のモーゼス・ヘスの指導で進められ、ドクトル・クラブの仲間ルーテンベルクが初代の編集主任となり１８４２年１月に発行、10月からはマルクスが編集主任になります。貧しい人々が採取した木材の取り締まりや罰則についての議会の決定に対し、彼らのために紙上で批判と抗議を繰り広げます。

　プロイセン政府はこれを嫌い、厳重な検閲を課し、翌43年、ついに発行禁止が言い渡されてしまいます。自らの信念を譲らなかったマルクスは辞職声明を発表し、公の舞台から退いたのでした。その年５月に結婚したマルクスとイェニーはパリに移転。マルクスは社会主義や共産主義の勉強に取り組み、44年には政治社会の評論雑誌である『独仏年誌』１・２号合併号を世に送り出します。

　執筆者はマルクス、同居していた哲学者ルーゲのほか、詩人ハイネやエンゲルスなどでした。しかし『独仏年誌』が没収されたり、ルーゲとの不仲などが原因で発行は途絶えてしまいます。当時のパリは２月革命（48年）前の混沌とした時代で、ドイツ亡命者の集まりや労働者の集まりに顔を出していたマルクスは社会主義者との親交も深めていました。

　またこの頃、『独仏年誌』に掲載されたエンゲルスの「国民経済学批判大綱」を絶賛したマルクスは、エンゲルスを自宅に10日ほど滞在させ、さらに意気投合し、２ヵ月後には初めての共同作業『聖家族』が完成。ここから２人の生涯にわたる共同作業が始まったのです。

カール・マルクスを知る③

1842年（24歳）	ケルンに移り『ライン新聞』編集主任となる エンゲルスと出会う
1843年（25歳）	『ライン新聞』編集主任を辞任 クロイツナハでイェニーと結婚 パリに移る
1844年（26歳）	『独仏年誌』1・2号合併号発行 誌上で「ユダヤ人問題」「ヘーゲル法」「哲学批判序説」を発表（エンゲルスの「国民経済学批判大綱」も掲載されている） 経済学を勉強し『経済学・哲学手帳』としてまとめる 長女ジェニー生まれる

マルクスはこう考える

『ライン新聞』での木材窃盗取締法への批判と抗議

マルクスは『ライン新聞』1842年10月発行の第298号から数回にわたって木材問題を取り上げた。これは慣行に従って枯れ木や枯れ枝を含めた木材を採取した者を、窃盗として厳罰に処することを決めた議会に対する批判と抗議で、マルクスは貧しい人のために敢然と立ち向かい、こう訴えた。

「いったい人間が大事なのか、木が大事なのか。人間の権利は、木の権利のまえに屈服してはならないし、人間が木という偶像のまえに敗れて、そのいけにえとなってはならない」

資本論

Das Kapital

カール・マルクスを知る④

『共産党宣言』が生み出されるまで

マルクスは『独仏年誌』が途絶えたあと、『フォーアヴェルツ』という新聞で論陣を張りましたが、それにも目をつけられてしまいます。

１８４５年、フランス内務省によって国外追放を言い渡され、マルクス夫妻はパリで出産した長女ジェニーとともにベルギーのブリュッセルに亡命します。イェニー夫人はこのとき２番目の子どもを身ごもっていました。

マルクスはブリュッセルで経済学の勉強を始めます。その目的は市民社会と革命の力であるプロレタリアートに精神的、科学的な武器を与えることでした。エンゲルスも移転してきて、一緒に勉強をすることになります。

２人は共産主義を国際的に宣伝し、組織化するために１８４６年２月、「共産主義者通信委員会」を設立します。賛同者には「正義者同盟」（歴史上最初に生まれたドイツ人共産主義の秘密結社）のメンバーが多く、翌年にはロンドンの正義者同盟の代表モルが同盟に加入するよう勧め、２人は申し出を受けたのでした。

同盟の第１回大会で名称を「共産主義者同盟」と改め、「ブルジョアジーの打倒、プロレタリアートの支配、階級対立に基づく古いブルジョア社会の廃止、階級と私有財産制のない新しい社会の建設」をめざしました。

共産主義者同盟のブリュッセル支部長となったマルクスは、第２回大会でエンゲルスとともに同盟の宣言の起草を依頼されます。そして48年２月、有名な『共産党宣言』が刊行。マルクス30歳、エンゲルス27歳でした。

カール・マルクスを知る④

1845年（27歳）	パリからベルギー・ブリュッセルに亡命 エンゲルスとの共著作『聖家族』出版 同じくエンゲルスとの共著『ドイツ・イデオロギー』執筆 次女ラウラ生まれる
1846年（28歳）	ブリュッセルに共産主義者通信委員会設立 長男エドガー生まれる
1847年（29歳）	ロンドンでの共産主義者同盟大会に出席、綱領の起草を依頼される 『哲学の貧困』出版
1848年（30歳）	『共産党宣言』発表 ブリュッセルから再びパリに亡命 ケルンに移り、『新ライン新聞』発行

●『聖家族』とは

副題『別名、批判的批判の批判、ブルーノー・バウエルとその伴侶を駁す』。かつての同志バウエル一派を「聖家族」と皮肉って呼び、批判した内容のもの。バウエル一派は大衆を馬鹿にし、哲学批判の中にドイツの進歩の道を求めようとしたが、マルクスは大衆の侮蔑を許せず、ライン新聞時代から深い溝ができていた。

●『ドイツ・イデオロギー』とは

副題「フォイエルバッハ、ブルーノー・バウエル、シュティルナーを代表者とする最近のドイツ哲学に対する、ならびに種々の予言者たちのあらわれたドイツ社会主義に対する批判」。ヘーゲル以後の哲学を批判。刊行予定が出版社の都合で中止となり、マルクスとエンゲルスの死後刊行された。

資本論
Das Kapital

カール・マルクスを知る⑤

『共産党宣言』実行のために奔走

「ヨーロッパに幽霊が出る――共産主義という幽霊である」という有名な言葉で始まる『共産党宣言』は「ブルジョアとプロレタリア」「プロレタリアと共産主義者」「社会主義的および共産主義的文献」「種々の反対党に対する共産主義者の立場」の4章から成り立ち、最後は「万国のプロレタリア団結せよ！」という力強い言葉で締めくくられています。

『共産党宣言』がイギリスで発行されたのと同時期、フランスでは2月革命が起きています。7月革命後即位したルイ・フィリップはブルジョアジーの機嫌取りの政策を行なったため、労働者や農民の不満が高まり、さらに選挙法改正の示威運動も起こったことから、パリで暴動が起きます。その結果、王を追放して臨時政府を立てたことから、ウィーンやベルリンはじめヨーロッパ各地に革命を起こすことになります。

このような情勢のなか、マルクスとエンゲルスは『共産党宣言』を実行するために奔走します。ブリュッセルでの共産主義者武力蜂起の準備を進めていた彼らはベルギー国王から24時間以内に国外退去を命じられますが、ちょうどフランス臨時政府からの招請状を受け取り準備に追われていたため退去できず、逮捕拘留されてしまいます。夫人も捕らえられ乱暴な扱いを受けたのち追放されてパリへと向かいます。

共産主義者同盟の本部がパリに設立されマルクスは議長となり、さらに「ドイツ労働者クラブ」を設立します。同盟員やドイツ労働者をドイツへ送り込もうともくろみました。

カール・マルクスを知る⑤

●『共産党宣言』の誕生

共産主義者同盟の幹部カール・シャッパーから依頼を受け、マルクスとエンゲルスによって執筆された共産主義者同盟のための綱領文書。1848年2月、カール・シャッパーの校閲を経たうえで出版された。

●構成

第1章　**「ブルジョアとプロレタリア」**

「今日までのあらゆる社会の歴史は、階級闘争の歴史である」という有名な一文で始まり、現代の階級闘争を唯物史観的(32ページ参照)で分析。

第2章　**「プロレタリアと共産主義者」**

共産主義者とプロレタリアの関係と、共産主義者とほかのプロレタリアート党とどこが違うのかを解説。

第3章　**「社会主義的および共産主義的文献」**

正しい共産主義を明らかにするために種々の社会主義や共産主義を批判。

第1節　**「反動的社会主義」**

第2節　**「保守的社会主義またはブルジョア社会主義」**

第3節　**「批判的・空想的社会主義および共産主義」**

第4章　**「種々の反対党に対する共産主義者の立場」**

プロレタリアート全体の利益のために闘う共産主義者の、状況に応じた立場を宣言。

「プロレタリアは、革命においてくさりのほか失うべきものをもたない。かれらが獲得するものは世界である。万国のプロレタリア団結せよ！」という有名な言葉で結ばれている。

カール・マルクスを知る⑥

『新ライン新聞』発行と亡命

同志とともにドイツのケルンへ乗り込んだマルクスは、新たに日刊紙『新ライン新聞』を発行し、共産主義運動をさらに推し進めていきます。「共産主義者同盟」の下部組織として「労働者協会」「労働者教育協会」を各地に設立する一方で、民主主義的なものとの強調を認めていたマルクスは「民主主義協会」をも利用していきます。『新ライン新聞』には「民主主義の機関紙」という副題をつけていました。

ケルンでマルクスは、ブルジョア革命の前夜にあったドイツは、まずブルジョア革命を実現することが大事だと考えていました。

プロレタリアがブルジョアといっしょに絶対主義や封建的土地所有と戦い、ブルジョアジーが支配の座についたらすぐに、ブルジョア階級に対するプロレタリア階級の闘争が開始されなくてはならないと思っていたのでした。つまり民主主義（ブルジョア民主主義）をめざしたあとにプロレタリア革命に達することをめざしていたのです。

『新ライン新聞』では同志が次々と逮捕され、危険を感じたエンゲルスらは亡命しました。マルクスはたびたび警察の捜索や予審判事の尋問を受け、誹《ひ》謗《ぼう》罪で裁判にかけられるなどしていましたが、ケルンにとどまっていました。

しかしホーエンツォレルン王家への批判を新聞に掲載したことで、ついにケルン当局から追放令が出されます。１８４８年5月、赤刷りの最終号を出して、マルクスは再び亡命先パリへと向かったのでした。

カール・マルクスを知る⑥

●『新ライン新聞』の最後

編集長にはマルクス、編集員にはエンゲルスのほかビュルゲルス、ドロンゲ、ヴィルヘルム・ヴォルフ、フェルディナント・ヴォルフなどの同志と詩人フライリヒラートなどが名を連ねた。しかし、同志が次々と逮捕され、危険を感じたエンゲルスらは亡命。さらにホーエンツォレルン王家への批判を新聞に掲載したことで、ついにケルン当局から追放令が出され、1948年5月、赤刷りの最終号を出す。

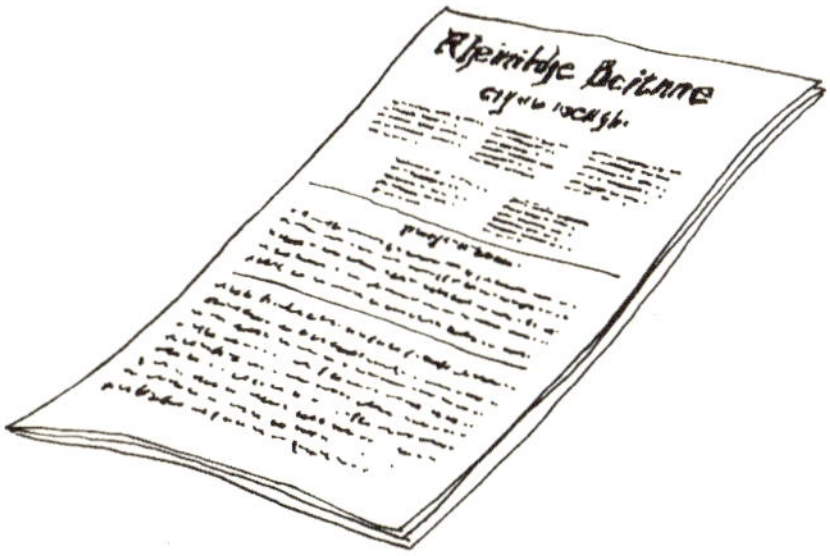

マルクスはこう考える

『新ライン新聞』廃刊に際して

廃刊にあたりマルクスは編集部を代表して労働者に軽挙妄動しないよう訴えるとともに、次の言葉を残した。

「われわれは別れにのぞんで諸君の協力を感謝する。われわれの最後の言葉は、いつどこにあっても同じであろう。すなわち、労働者階級の解放!という言葉である」

資本論

Das Kapital

カール・マルクスを知る⑦

生涯の亡命地ロンドンへ

6月にケルンからパリへ亡命したマルクスは、フランクフルトの友人宅に預けていた夫人、３人の子どもとお手伝いさんの計5人と合流しましたが、反動化したパリでも落ち着くことができず、その年の8月には家族を一時パリに残し、ロンドンへと向かったのでした。スイスに亡命していたエンゲルスも到着し、当時のロンドンは亡命者が多数集まってきたのでした。

マルクスはエンゲルスとともに早速新しい雑誌の準備にとりかかり、１８５０年『新ライン新聞、政治経済評論』を世に出します。しかし、資金難のため6号で潰れてしまいます。さらに共産主義者同盟の再建をはかりますが、お金もなくヒステリックになった革命家たちのなかには酒におぼれ堕落する者も出て、再建はままならず、１８５2年解散声明を出します。

その頃からマルクスは大英博物館の図書室に通い、経済学研究の完成をめざします。一方のエンゲルスはマンチェスターの父親の会社で働き、マルクスを援助するのでした。

一家はロンドンで貧困にあえぎ、50年には１歳の次男ハインリヒが、続いて52年には3女フランチスカが1歳で亡くなります。さらに55年、8歳の長男エドガーが腸結核で死ぬという不幸に見舞われます。

しかし貧困と不幸にも屈せずマルクスは闘いと勉強を続けました。また多くの新聞や雑誌から依頼を受け、寄稿しました。そしてついに初の本格的な経済学書『経済学批判』を１８５9年世に送り出したのでした。

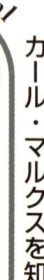

カール・マルクスを知る⑦

1849年（31歳）	『新ライン新聞』に「賃労働と資本」掲載 ケルンを追放されパリを経てロンドンに亡命 エンゲルスもロンドンに亡命 次男ハインリヒ生まれる
1850年（32歳）	『新ライン新聞、政治経済評論』発行 大英博物館で経済学の勉強に励む エンゲルスはマンチェスターの父親の会社で働きマルクスを援助 次男ハインリヒ死去
1851年（33歳）	ニューヨーク・トリビューン紙に寄稿（62年まで続く） 3女フランチスカ生まれる
1852年（34歳）	3女フランチスカ死去 共産主義者同盟解散
1855年（37歳）	4女エリナ生まれる 長男エドガー死去
1859年（41歳）	『経済学批判』出版

●『新ライン新聞、政治経済評論』

理論的訓練と大衆啓蒙の必要性を感じたマルクスは、新しい月刊誌『『新ライン新聞、政治経済評論』を1950年3月ハンブルクから発表した。ここにマルクスは「1848年6月の敗北」を、エンゲルスは「ドイツ帝国憲法戦争」を掲載するが、資金難のため、5・6号合併号で潰れてしまう。

資本論

Das Kapital

カール・マルクスを知る⑧

マルクスの集大成『資本論』の完成

『経済学批判』が出版されたのは、ダーウィンの『種の起源』が発表されたのと同じ年でした。エンゲルスはこれを「ダーウィンが有機界の発展法則を発見したように、マルクスは人間の歴史の発展法則を発見した」と評しました。

『経済学批判』は資本主義社会の商品の分析から始まって貨幣の分析にいたることが著され、これがより広い体系の『資本論』第１巻へと受けつがれていくのでした。マルクスの社会主義の理論や労働者階級の解放の科学的な理論は、『経済学批判』に始まり、８年後の１８６７年第１巻が刊行される『資本論』で仕上げられるのです。

しかしそれは、決して楽な道のりではありませんでした。貧困と実践的闘争のなか、肝臓病を患い、またナポレオン・ボナパルトに買収されていたジャーナリストのフォクトによる誹謗中傷にも心を痛めていました。

また同じ頃、「インターナショナル（国際労働者協会）」設立のために動き回り、64年に「第１インターナショナル（以下インターと略す）」を誕生させ、マルクスは中央委員会（のちの総務委員会）の中心として努力しましたが、活動はあまり思うようにいきませんでした。

このような多忙なときにも勉強をおろそかにせず、経済学の勉強に費やしたノートは、全集にして10巻にもなるほどのものでした。そして66年11月、『資本論』第１巻がハンブルクのオットー・マイスネル書店へ送られ、67年に出版されたのでした。

カール・マルクスを知る⑧

1863年(45歳)	母ヘンリエッテ・マルクス死去
1864年(46歳)	第1インターナショナルがロンドンで創立 委員に選ばれる
1865年(47歳)	インターの委員会で「賃金、価格および利潤」 について講演
1866年(48歳)	第1インターナショナル第1回大会が ジュネーブで開催(マルクス欠席)
1867年(49歳)	『資本論』第1巻出版 第1インターナショナル第2回大会が ローザンヌで開催(マルクス欠席)

●『資本論』産みの苦しみ

67年に友人ジークフリード・マイヤーに、『資本論』出版までの苦労をつづった手紙は次のような内容だったという。

「私があなたに手紙の返事を書かなかったのは、絶えず死の淵をさまよっていたからです。だから私は著書を完成させるためには、仕事のできるどんな瞬間も利用しなければなりませんでした。この著のために私は健康も、人生の幸福も、家族をも犠牲にしました。……私が私の著を少なくとも草稿の形ででも完成しないで死んでいたらどうでしょう。それこそ本当に世に何のお役にも立たない人間だったと、考えないわけにはいかなかったでしょう…」

革命家マルクスの最期

１８７０年には普仏戦争（第2帝政期のフランスとプロイセン王国＝のちのドイツ帝国との間で行なわれた戦争）が始まり、インターはマルクスによる2回の声明を出します。

フランスが敗れると「パリ・コミューン」と呼ばれる労働者の革命政府が誕生しますが、70日余りで崩壊します。一方、統一を成し遂げたドイツは資本主義が躍進します。

マルクスはこれを分析し、未来の社会主義の構造やプロレタリアートの独裁などをインターの第3声明として出し、エンゲルスはのちにこれを本にまとめました。レーニンはこの論に教えられ、ロシア革命を成功させたのでした。

しかしインターは、しだいに政治闘争やストライキに反対するプルードン派や極左的な無政府主義のバクーニン派と、政治闘争やストライキを重視し革命によって政治権力を労働者のものにしようとしたマルクスらとの間で対立がみられるようになります。第5回大会でマルクスはバクーニン派の除名を可決。そして１８７６年、インターは解散を発表します。

このことによってマルクスの肉体は著しく衰えます。また、１８８１年愛妻イェニーが肝臓がんでこの世を去り、１８８３年あとを追うように長女ジェニーが亡くなります。悲しみのなか、マルクスは自らの療養のため転地しながら、資本論の2巻・3巻をまとめようとしますが、肝臓病、肋膜炎、気管支炎、肺炎、咽頭炎などを併発し、最期は肝臓がんで１８８３年3月14日、この世を去ったのでした。

カール・マルクスを知る⑨

1870年(52歳)	普仏戦争に関するインター総務委員会の第1第2声明を書く エンゲルス、ロンドンに移りマルクスを助ける
1871年(53歳)	パリ・コミューンに関するインター総務委員会の声明を書く
1872年(54歳)	第1インターナショナル第5回大会がハーグで開催 バクーニン派の除名、総務委員会のニューヨーク移転を決定
1876年(58歳)	第1インターナショナル、フィラデルフィア大会で解散を決定
1881年(63歳)	妻イェニー死去
1883年(65歳)	長女ジェニー死去、3月14日、マルクス死去
1885年	『資本論』第2巻、エンゲルスによって出版
1894年	『資本論』第3巻、エンゲルスによって出版
1895年	エンゲルス、喉頭がんで死去
1898年	マルクスの4女エリナ自殺

●『資本論』第4巻の謎

『資本論』には経済学の歴史を論じる第4巻の計画があった。エンゲルスはマルクスの草稿から第4巻の編集をしようと思っていたが、自分の人生もあまり長くないと感じ、この仕事を引き継ぐ者を育てようと、ドイツの若手共産党幹部のカウツキーとベルンシュタインの2人を選んだ。マルクス独特の字を読めるのはエンゲルス以外にいなかったので、後継者にはまず文字の判読を教えることから始めた。清書するようカウツキーに草稿を渡したが仕事がはかどらず、しびれを切らして自分がやると取り戻したが、そのままエンゲルスは生涯を閉じてしまう。カウツキーはエンゲルスの死後この仕事に取り組んだ。しかし『資本論』という表題に関する版権の問題やカウツキーの「独自の見解」などにより、『資本論』第4巻としてではなく『剰余価値学説史』の表題で1905年に第1巻、第2巻を、1910年に第3巻を刊行した。

マルクスが確立した唯物史観とは

『資本論』を理解するための前提として、マルクスが提唱した「唯物史観」について知っておく必要があります。

彼は1859年に出版された『経済学批判』の「序言」で「ブルジョア社会の解剖は、これを経済学にもとめなければならない」として唯物史観の公式を書いています。人間は社会の生産力に対応する生産関係をつくります。生産力とはその時代の経済力（土台、下部構造）であり、生産関係とはこれに対応してつくられる法律や政治形態（上部構造）のことです。マルクスは、原始時代の共同体、古代の奴隷制、中世の封建制、そして近代の資本制という発展を遂げてきたといっています。

例えば、中世封建制社会で生産力が発展してくると、しだいに上部構造と合わなくなってきます。そこで古い上部構造は壊され、新たな近代資本制（資本主義）という土台が成立することで資本主義に適合した法制度や国家がつくられて発展していくことになります。

同様に、マルクスは今や資本主義という土台はその上部構造と矛盾をきたす。したがって、やがて革命が起こり共産主義という新たな土台ができ、それに適合する社会ができるのだと説きました。

ここからマルクスは、土台が変革されるための物質的基礎の分析が不可欠と考え、経済学の研究へと進んでいきました。マルクスにとって唯物史観とは、いわば経済学の「導きの糸」だったのです。

唯物史観と弁証法

●唯物史観とは

マルクスとエンゲルスが確立した、歴史の発展法則を彼ら独自の視点で解釈し、歴史の発展法則を明らかにしようとするもの。

生産力と生産関係の矛盾が社会発展の原動力であるという考え方で、歴史上の社会は生活様式によって規定され、生産力の発展によって生産関係も変革される。その結果政治、経済、法律、文化に変化が起きるとした。特に、資本主義から共産主義への発展は、プロレタリアによる階級闘争によって実現されるとしている。

●弁証法

弁証法とは、哲学用語で自分自身の中で自己と矛盾する有限なものによって自己をより高次元のものに発展させる運動と発展の論理で、ヘーゲルはこれを理性の陥る矛盾の積極的な意義ととらえて、思考と存在との統一的論理としての弁証法を体系化した。

マルクスとエンゲルスはヘーゲルの弁証法における観念の優位性を唯物論による物質の優位性に反転させることで、唯物弁証法（唯物論的弁証法）またはマルクス主義的弁証法が考えだされた。この弁証法を歴史の理解に応用したものが、史的唯物論であり、レーニンやトロツキーの著作にも見ることができる。

資本論

Das Kapital

『資本論』が出版されるまで

マルクスはロンドンに亡命中、大英博物館の図書室に所蔵されている膨大な文献を読み解きながら、半生をかけて経済学の研究に没頭しました。その集大成が『資本論』なのです。

『経済学批判要綱』（１８５７―５８年）から第１草稿を、『剰余価値学説史』を含む第２草稿（61―63年）と『資本論第３巻』の主要草稿を含む第３草稿（63―65年）を書き、さらに内容を拡充し練り上げ、７篇25章からなる『資本論第１巻』を67年に出版します。ドイツ語で８００ページ余りもある大作です。そして第２巻を執筆中に65歳で亡くなったのです。

『資本論』は出版当初はあまり注目されませんでしたが、しだいに理解者を増やし、72年にはフランス語版が、またドイツ語版第２版（73年）、３版（83年）が刊行されます。これらを出す際にマルクスは、新たに叙述や内容を発展させる努力をしています。

フランス語版は翻訳が気に入らず、フランス人にわかりやすいフランス語にしようと自分で訳し、その作業中大幅な書き換えをします。「全く別なひとつの科学的価値を持つものだ」と自分で言っていたそうです。ドイツ語版３版も全体を改定し、その途中で死去してしまいます。

残された盟友エンゲルスは、マルクスの遺稿の整理編集に10年以上をかけ、３篇21章からなる第２巻（85年）、７篇52章からなる第３巻（94年）を出版したのでした。マルクスの独特の筆跡を判読できたのはエンゲルスだけだったといわれています。

『資本論』第1巻の構成

第1巻　資本の生産過程

第1篇　商品と貨幣
第1章 商品　第2章 交換過程
第3章 貨幣または商品流通

第2篇　貨幣の資本への転化
第4章 貨幣の資本への転化

第3篇　絶対的剰余価値の生産
第5章 労働過程と価値増殖過程
第6章 不変資本と可変資本／第7章 剰余価値率
第8章 労働日／第9章 剰余価値の率と剰余価値の量

第4篇　相対的剰余価値の生産
第10章 相対的剰余価値の概念／第11章 協業
第12章 分業と工場手工業
第13章 機械装置と大工業

第5篇　絶対的剰余価値と相対的剰余価値の生産
第14章 絶対的剰余価値と相対的剰余価値
第15章 労働力の価格と剰余価値との量的変動
第16章 剰余価値率の種々の表式

第6篇　労働賃金
第17章 労働力の価値または価格の労働賃金への転化
第18章 時間賃金／第19章 出来高賃金
第20章 労働賃金の国民的差異

第7篇　資本の蓄積過程
第21章 単純再生産
第22章 剰余価値の資本への転化
第23章 資本主義的蓄積の一般的法則
第24章 いわゆる本源的蓄積
第25章 近代植民理論

※本書はこの構成順に解説し、第2巻、第3巻については概容を紹介していきます。また、篇、章、節、項のタイトルおよび本文中の引用は岩波文庫版「資本論」に則しています（一部例外あり）。

Column

カール・マルクス伝説1

高等学校時代の成績は?

ギムナジウムとは、今の日本の中学校と高等学校を合わせたような学校のことで、将来大学に進んで学者や研究者をめざす生徒が入学するところでした。そのため勉強は厳しく、途中でやめたり落第したりする生徒も多かったといいます。

マルクスが通ったフリードリヒ・ヴェルヘルム・ギムナジウムは自由主義的な教育の学校で、校長ヴィッテンバッハはフランスの作家であり啓蒙思想家のジャン･ジャック･ルソーの弟子でした。ここで12歳から17歳までの5年間を過ごしたマルクスはさらに自由な考え方を培《つちか》ったのでした。

最終卒業試験では物理学こそ中位でしたが、ほかのラテン語、ギリシア語、数学、歴史、地理、道徳、ドイツ語作文など、すべてグート（良好）だったといいます。

ドイツ語作文は「職業選択に関する一青年の考察」というタイトルで、職業選択について論じています。この中でマルクスは「自己の利益や名誉のみを追う人間は、有名にはなり得ても優れた人間になることはできない」と訴えています。純真な理想主義者マルクスの姿が早くもうかがえるような作文なのではないでしょうか。

第1巻

資本の生産過程

第1篇　商品と貨幣

第2篇　貨幣の資本への転化

第3篇　絶対的剰余価値の生産

第4篇　相対的剰余価値の生産

第5篇　絶対的剰余価値と相対的剰余価値の生産

第6篇　労働賃金

第7篇　資本の蓄積過程

商品と貨幣

第1篇

資本論

Das Kapital

第1章「商品」　第1節「商品の二要素　使用価値と価値（価値実体、価値の大いさ）」①

市場経済のしくみを解き明かす

私たちの生活は資本主義社会の中で営まれています。資本主義社会の経済のしくみを理解するために、マルクスは商品について学ぶことが大切だと言っています。『資本論』の冒頭には次のようなことが書かれています。

「資本主義的生産様式の支配的である諸社会の富は、『巨大なる商品集積』として現われ、個々の商品はその富の成素形態として現われる。したがって、われわれの研究は商品の分析をもって始まる」

つまり、商品を分析することで、資本主義を理解していこうというのです。序文でも**「近代社会の経済的運動法則をあきらかにすることが、この著作の最終目的」**だと述べているように、マルクスは全篇を通して資本主義社会を考察の対象としています。

第1章では、まず商品の使用価値について、どんな商品でも人間の何らかの欲求を満たす性質を持っている（＝使用価値）として、商品の性格分析を行なっています。

次に、商品は種類が違うほかの商品と交換される、という性質（＝交換価値）について分析しています。自分がつくった物をだれかに売って、自分が欲している物を手に入れることができるのが商品というわけです。

自分がつくったイスを自分で使ってしまったらそのイスは商品ではありません。自分がつくったイスを、自分が必要としているほかの物と交換することで、初めてそのイスは商品と呼べるのです。

第1章「商品」 第1節「商品の二要素」①

★この節のPOINT

資本主義社会を理解するには、商品について学ぶことが大切

● 商品とは?

自分でつくった物を
自分で消費

商品ではない

自分でつくった物を
だれかに売って、
自分が欲しい物と
交換する

商品

マルクスはこう考える

「商品はまず第一に外的対象である。すなわち、その属性によって人間の何らかの欲望を充足させる一つのものである。これらの欲望の性質は、それが例えば胃の腑から出てこようと想像によるものであろうと、ことの本質を1つも変化させない」

資本論

Das Kapital

第1章「商品」　第1節「商品の二要素　使用価値と価値（価値実体、価値の大いさ）」②

使用価値の異なるものを計るモノサシとは

たとえば1クォーターの小麦は、x量の靴墨、またはy量の絹、またはz量の金などというようにほかの商品といろいろな割合で交換されます。では何がその価値を決めているのか――そこには共通のモノサシがあると、マルクスは考えました。

商品の交換価値は、ほかの使用価値を持つ商品との交換比率として現われます。交換価値が大きな商品はほかの多量の商品と交換できます。この交換価値の大小を決めるのは、人間の労働力だとマルクスは説いたのです。（労働価値説）

商品はすべて人間の労働力による生産物です。商品の交換価値を決めているのはこの労働の量（具体的には労働時間の長さ）だとしています。

しかし、それでは怠け者や不器用な人が時間をかけてつくった商品は、大きな価値を持ってしまうのではないかという問題が出てきます。これについては、商品の価値は社会的に必要な労働時間（社会的平均労働時間）として換算するので、余分な時間は勘定に入らないとしています。つまり平均的な人が働いた場合の労働量で考えるのです。

市場経済の中ではさまざまな商品が交換されていますが、交換の割合は商品の生産に社会的平均労働時間がどれだけ使われたかによって決まる、ということを明確にしたのです。

また、技術革新などで、商品をつくるのに必要な時間が少なくてすむようになれば、労働の量が減るため、その商品の価値は下がるとしています。

第1章「商品」第1節「商品の二要素」②

★この節のPOINT

交換価値の大小を決めるのは人間の労働力で、社会的に必要な労働時間＝社会的平均労働時間として換算する

● 商品の価値

労働の量によって価値の大きさが決まる。

1クォーターの小麦をつくるのと1メートルの布地をつくるのは同じだけ労働力がかけられている。

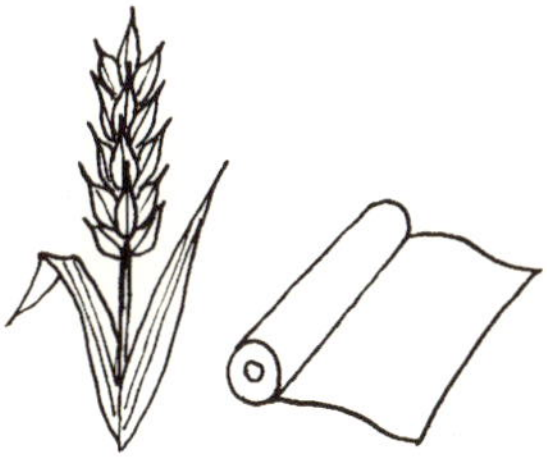

● 社会的労働時間

平均的な人が働いた場合の労働量のこと。
社会的平均労働量で換算し、商品の価値が決められる。

技術革新などで商品をつくるのに
必要な時間が少なくなる

労働の量が減り、その商品の価値は下がる

資本論
Das Kapital

第1章「商品」　第2節「商品に表わされた労働の二重性」

「具体的有用労働」と「抽象的人間労働」

第1節では、商品は「使用価値」と「価値」という2つの側面をもつことをマルクスはつきとめました。そして商品を交換するときのモノサシが労働であるなら、労働にも2つの労働があると、この節では述べています。

それは使用価値をつくる労働と、価値をつくる労働です。たとえばある商品をつくる際には、その商品を欲しがる人がいるという、使用価値がある生産でなければなりません。このような使用価値をつくりだすという具体的な内容を備えた労働が「**具体的有用労働**」です。

一方で、生産する物も労働の仕方も違うけれど、すべての物が商品となるためには「**価値**」を持たなければならず、その価値は労働がなされていることによるものです。この労働を「**抽象的人間労働**」といい、労働がなされていることをマルクスは「**抽象的人間労働が対象化されている**」という言い方をしました。

さらにインドの古代社会の共同体を例に出し、分業社会と商品経済について考察しています。独立した生産者がそれぞれの生産物を交換するときにのみ商品が生まれることを明らかにし、もともと人間は商品生産をしていなかったという歴史的な分析をしています。

分業社会では必要量に応じた生産が可能ですが、商品経済社会では、市場に出してみないと必要かどうかわからないという特質があります。

また、商品経済社会では、有用な労働をしているかではなく、価値を生む労働をしているかどうかが重要になります。

第1章「商品」 第2節「商品に表わされた労働の二重性」

★この節のPOINT

労働には使用価値をつくる労働＝具体的有用労働と、価値をつくる労働＝抽象的人間労働がある

● 具体的有用労働

パン職人がパンをつくる、
仕立て屋が上着をつくるなど、
実際に商品をつくるための
具体的な労働

⬇

使用価値をつくる

● 抽象的人間労働

何かを具体的につくるときの
労働ではなく、
人間が労働力を使うという、
抽象的な労働

⬇

価値をつくる

マルクスはこう考える

「人間はたえず自然力の援《たす》けをかりている。したがって、労働はその生産する使用価値の、すなわち素材的富の、唯一の源泉ではない。ウィリアム・ペティがいうように、労働はその父であって、土地はその母である」

（ウィリアム・ペティは労働価値説を初めて唱えたイギリスの経済学者）

資本論 Das Kapital

第1章「商品」　第3節「価値形態または交換価値」①

貨幣の謎を解く——等価形態と相対的価値形態

この節は『資本論』で最も難解とされているところです。商品交換のしくみから貨幣の必然性を説明しています。商品の相互関係から貨幣が生まれ、独特な歴史や社会的地位を占めるにいたった論理が4つの項で示されています。

「A　単純な、個別的な、または偶然的な価値形態」では、2つの商品の関係を示しています。誰かがリネン（亜麻布）20エレ（エレは布地の尺度）を手放して上着1着を得たいと思ったとき、リネンと上着1着は等価となります。

リネン所有者が使用価値としての上着1着を選択して、リネン20エレの価値を表現しているのです。ここでは一方の使用価値が、もう一方の価値を計ることになります。

このように価値を計るための商品を**「等価形態」**といい、自らをほかの商品で計ることを**「相対的価値形態」**といいます。リネンと上着の例ではリネンが相対的価値形態をとり、上着が等価形態となります。

さらに「B　総体的または拡大せる価値形態」では、20エレのリネン＝1着分の上着、または10ポンドのお茶、または40ポンドのコーヒー、または1クォーターの小麦、または2オンスの金、または2分の1トンの鉄、などなど、いうように、20エレのリネンという商品が、ほかの商品をすべて等価形態にするということを述べています。

「A　単純な、個別的な、または偶然的な価値形態」で2つの商品で証明したことが、ほかのすべての商品でもいえることが説明されます。

第1章「商品」第3節「価値形態または交換価値」①

● 単純な、個別的な、または偶然的な価値形態

リネン20エレを手放して
上着1着を手に入れたい

↓

リネン20エレ＝上着1着

● 総体的または拡大せる価値形態

20エレのリネン＝1着の上着
＝または10ポンドのお茶
＝または40ポンドのコーヒー
＝または1クォーターの小麦
＝または2オンスの金
＝または2分の1トンの鉄
＝などなど

● 等価形態とは

価値を計るための商品

● 相対的価値形態

自らの価値をほかの商品で計る

※「一般的価値形態」「貨幣形態」については次項

一般的価値形態と貨幣形態

つぎに「C　一般的価値形態」では、「B　総体的または拡大せる価値形態」で示したリネンとほかの商品に対する関係を、左ページのように逆側から見ると、ほかの商品すべてがリネンを自分の価値の価値のモノサシにしていることが明らかになります。この場合のリネンを**「一般的等価物」**といいます。

すべての商品が共通の価値形態を持ち、リネンという共通のモノサシで計ることができるのです。ここではリネンを例にしましたが、どの商品でも共通のモノサシとなる権利と資格を持っています。しかし、この役目を金が担うようになります。これが「D　貨幣形態」です。

リネン20エレは、金2オンスに変わり、あらゆる商品の価値を表わす形態が、金というモノサシになったことをマルクスはつきとめ、貨幣の謎を解いたのです。

ここまでの内容を復習すると、―**商品には使用価値と交換価値があり、価値を決めているのは人間の労働力である。労働には使用価値をつくる具体的有用労働と、価値をつくる抽象的人間労働がある**―ということになります。

ここから、すべての商品の価値を計るモノサシとして金が使われるようになるのですが、金の量だけが商品の価値を決めるのかという問題にマルクスは、これらも人間労働が体現されたものだとしています。

商品、労働、貨幣が使用価値と交換価値、具体的労働と抽象的労働、価値形態と等価形態という二重性を持つことを発見したのでした。

第1章「商品」第3節「価値形態または交換価値」②

●一般的価値形態

1着の上着＝
10ポンドのお茶＝
40ポンドのコーヒー＝
1クォーターの小麦＝
2オンスの金＝
2分の1トンの鉄＝
などなど＝

20エレのリネン
一般的等価物

●貨幣形態

一般的等価物としてのリネンの役割を金が担うようになる

リネン20エレ
↓
金2オンス

マルクスはこう考える

「人は、何はともあれ、これだけは知っている。すなわち、諸商品は、その使用価値の雑多な自然形態と極度に顕著な対照をなしているある共通の価値形態を持っているということである——すなわち貨幣形態である。だが、ここでは、いまだかつてブルジョア経済学によって試みられたことのない一事をなしとげようというのである」

資本論

Das Kapital

第1章「商品」　第4節「商品の物神的性格とその秘密」

資本主義は普遍な社会でないことを検証

「物神的性格」は、マルクスの資本主義批判の重要な基本概念のひとつです。マルクスは、商品を考察したあと、資本主義では商品はどのように表われるのかということを考察しています。

　個々の人間がつくった商品は、市場に出されることで、その人がどうやってつくったかという事実は消えます。つまり、「具体的有用労働」は市場では問題にならず、「抽象的人間労働」のみが問題となります。しかし、その商品をいくら眺めてみも、個々の人間の「具体的有用労働」は見えてこないのです。

　さらにマルクスは、ロビンソン・クルーソーの社会や中世のように交換価値で商品を交換しない社会には商品や貨幣の「物神的性格」はなく、市場を通して商品が交換される資本主義になって初めて「物神的性格」が現われてきたのであり、その意味で資本主義は人類普遍の社会ではなく、特殊歴史的な社会だというのです。

　この物神崇拝論は、『資本論』の中でも難解なところです。大胆な試みとして、皆さんの仕事で考えてみましょう。

　仕事とは、自分の労働力を売って給料をもらうことだと考えれば、働く人は自分の労働力を商品として売っていることになります（労働力の商品化）。まじめな人も要領よく手を抜きながら仕事をする人も、社会的に平均的な労働でその価値が計られ、まじめな人も要領のよい人も同じ給料をもらいます。しかし、給料からはその人の仕事ぶりは見えてきません。皆さんは、この事実をどう考えますか？

第1章「商品」第4節「商品の物神的性格とその秘密」

★この節のPOINT

人間の生産物であった商品や貨幣が人間を支配する力（物神的性格）を持ってしまったことを暴き、商品経済の中での人間同士の関係を例を挙げて追及する

◉いろいろな社会

●ロビンソン・クルーソー物語の社会

人間社会の原始モデル。労働はすべて、自分で生産し、自分で消費するためにする。

●中世ヨーロッパの身分社会

身分の上下による従属関係の社会。自らの労働を提供し、商品交換は行なわれない。

●中世ヨーロッパの農民社界

家族が労働を分担して自給自足の生活をする社会。商品交換によるつながりではなく、共同的労働によるつながり。

●未来社会

「共同的生活手段で労働し、自分たちの多くの個人的労働力を自覚的に1つの社会的労働力として支出する自由な人々の連合体」としての共産主義社会。

第2章「交換過程」

商品経済社会のなかの人間を描く

第1章では商品と商品の関係を取り上げ、その持ち主である人間は出てきませんでした。この章では商品の所有者である人間が登場します。

ここでいう人間とは「**人々はここではただ相互に商品の代表者として、したがってまた商品所有者として、存在している**」と記されているとおり、商品の代表者として扱います。

マルクスは「**商品は自分自身では市場に行くことができない**」として、人間社会の市場で商品がどのような動きをするかを分析したり、商品経済の歴史を研究しているのです。

歴史的な研究では、原始的な交換方法である物々交換から、貨幣を仲立ちとする流通までの発展が、価値形態から貨幣形態への発展と一致することを示します。

市場での商品交換の現実の分析ではまず、第1章で解説した価値の形態に対応していることを解説します。

商品所有者は自分がつくり、自分が使う以外の余剰生産物を市場に持っていくことで、この余剰生産物は商品となります。どこで商品が発生するかについてマルクスは「**共同体が他の共同体または他の共同体の成員と接触する点**」という有名な言葉を残しています。同じ共同体の中では直接的な交換が行なわれるだけで、商品は発生しないのです。

また、貨幣の歴史を紹介し、量的に分割や合体ができ、質が変わらない条件を満たしたのが、金や銀だとしています。金や銀は商品が産出される労働の量で価値を表現するものなのです。

第2章「交換過程」

★この節のPOINT

人間社会の市場での商品交換の現実と、歴史的な発展、貨幣形態を考察する

● 余剰生産物とは

自分がつくった物のうち、
自分が使う以外の生産物。
市場にこの余剰生産物を
持っていくと…

↓

商品となる!

● 貨幣が生まれるまで

原始的な共同体の時代
物々交換

↓

交換が広がると、
いろいろな商品の等価物
となる商品が出現
一般的等価形態の役割を果たす

↓

商品交換の発展につれ、
一般的等価形態は特殊な商品
＝**貨幣**となる
貨幣形態が生まれる

↓

家畜や貝などを経て
金や銀などの貴金属が
貨幣となる

マルクスはこう考える

「交換過程で、種類のちがう労働生産物がお互いに事実上等しく置かれ、したがってまた、事実上商品に転化される」

資本論 Das Kapital

貨幣についての考察

第3章では貨幣の機能について詳しく解説していきます。第1節では価値を計るものとしての貨幣＝金を取り上げています。

貨幣が価値のモノサシであることは第1章で理解していただけたと思いますが、モノサシには目盛りが必要です。これを「度量基準」といいます。目盛りの単位は最初、貨幣に使われる金属の重量で決められました。イギリスの貨幣単位のポンドは、1ポンドの銀でつくった銀貨＝1ポンド貨幣というところから来ています。その後は徐々に金属の重量という関係はなくなっていきます。

その要因として、①外国の貨幣が輸入されて国内の貨幣名と異なる貨幣名が用いられる場合、②低位の金属貨幣がより高級な金属貨幣に取って代わられる場合、③王侯による貨幣の改鋳、の3つを挙げています。イギリスの場合は2番目の例で、銀が金になったことなどを紹介しています。

また、商品の価格は必ずしもその価値と一致しません。需要が供給を上回れば価格が価値以上に上がり、供給が需要を上回れば価格は価値以下に下がるという、需要と供給の関係で市場は変動します。

貨幣によって商品が共通の価値を持つように見えても、貨幣は価値を表わす尺度にすぎず、実際には労働によって等価になっているだけなのです。だから、現実に金がなくても、それがどれくらいの価値があるかわかる、観念的な貨幣であるとしています。

第3章「貨幣または商品流通」第1節「価値の尺度」

★この節のPOINT

商品の価値を計る尺度としての貨幣を理解する

● 貨幣の度量基準

貨幣に使われる金属の重量が基準となっていた

▼

英ポンド　1ポンドの銀でつくった銀貨＝**1ポンド貨幣**

▼

金属の重量とイコールではなくなる

原因
①国内の貨幣名と異なる貨幣名が用いられる場合
②低位の金属貨幣がより高級な金属貨幣に取って代わられる場合
③王侯による貨幣の改鋳

マルクスはこう考える

「価値の尺度として、また価格の尺度標準として、貨幣は二つの全くちがった機能を行なう。貨幣は、人間労働の社会的化身として、価値の尺度である。確定した金属重量としては、価格の尺度標準である」

資本論

Das Kapital

商品の命がけの飛躍とは？

この節はａｂｃという3つの項から成り立っています。「ａ　商品の変態」では、リネン20エレを持っている人が市場に行き2ポンドと交換し、さらに2ポンドと聖書と交換するという例を出し、商品が貨幣となり次に商品となる過程を、**商品の変態**として説明しています。

このときの商品をＷ（Ware）、貨幣をＧ（Geld）としてＷ―Ｇ―Ｗと表わしていますが、ここで変化しているのは商品というよりその価値です。20エレのリネンが2ポンドで売れる保証はなく、マルクスはこれを「**商品の生命がけの飛躍**」と呼んでいます。

リネンはお金を持っている人にとって使用価値がないと売れないのです。市場で値切られることもあるし、2ポンド以上で売れることもあります。市場に出してみないとわからないのです。「**死なばもろとも**」とマルクスは言います。

この過程では商品を売ってお金を得る（Ｗ―Ｇ）、つまり販売行為をすると、同時にもう一方はお金を出して商品を得る（Ｇ―Ｗ）、購買行為をしていることになります。

リネン所有者は手に入れた2ポンドで聖書を買って終わるが、聖書を売った者は手に入れた2ポンドでウィスキーを買う。最初の商品変態の終点は2番目の商品変態の出発となります。

このように貨幣を介し次々と変態系列の連鎖が広がっていきます。この連鎖全体を「**商品流通**」といいます。そしてこの売り買いにおいては、つくりすぎや売れ残りから恐慌が発生する可能性もあると、マルクスは指摘しました。

第3章「貨幣または商品流通」第2節「流通手段」①

● 商品の変態と商品流通

W（Ware）＝**商品**　　**G**（Geld）＝**貨幣**

リネン20エレ＝Wを → リネン20エレを2ポンド＝Gで売 → この2ポンドで聖書＝Wを買

このときのリネン所有者はW－G－Wという動きをしたことになる

物々交換なら**W－W**　物を売る（販売行為）**W－G**
（マルクスは命がけの飛躍と呼んだ）
物を買う（購買行為）**G－W**　となる

● 聖書所有者の動き

聖書＝Wを持って → 聖書を2ポンド＝Gで売る → この2ポンドでウィスキー＝Wを買

※このときの貨幣＝Gはリネン所有者のGで、このあともずっとこのGが商品の仲立ちをし、変態系列の連鎖が広がっていく。連鎖全体を「商品流通」という。

資本論 Das Kapital

どれくらいの量の貨幣が必要なのか

続いては「b　貨幣の流通《ウムラウフ》」です。マルクスは**「商品流通によって貨幣に直接与えられる運動形態は、貨幣がある所有者の手から別の商品所有者の手にすすんでいくこと、すなわち貨幣の流通である」**と述べています。

それでは、ある国で商品が順調に流通するためには、どれくらいの量の貨幣が必要なのでしょう。それにはまず、ある期間にその国で取引される商品の総額を計算します。

同じ貨幣が1回しか使われなければ、商品総額と同じ額の貨幣が必要ですが、貨幣は何回も所有者を代えながら使われます。

そこで、同じ貨幣が平均して何回使われるかを調べます。ここから、

「ある期間に流通する商品の総価格÷同一名目貨幣の平均流通回数＝流通手段として必要な貨幣の総量」

という式を導き出しています。

価格の変動や商品の総価格の変動、さらには流通速度によって、必要な貨幣の量は変わることになります。必要な貨幣の量を決めるのは、価格、商品の総量、流通回数の3つという結論に達したのです。

マルクスはこの規定のまえに**「商品の価格変動に反映するものが、現実の価値変動であろうと、単なる市場価格の変動であろうと、流通手段への影響は同じことである」**と述べています。

市場価格の変動は貨幣の数量の変化がもたらすのではなく、需要と供給の変化によるものとみなしているのです。

第3章「貨幣または商品流通」第2節「流通手段」②

★この項のPOINT

貨幣の流通とは貨幣がある所有者の手から別の商品所有者の手にすすんでいくこと

● 貨幣の必要量

ある期間に流通する
商品の総価格

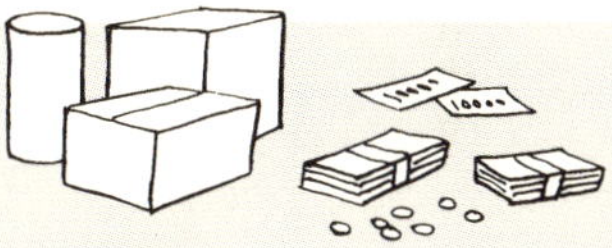

÷

同一名目貨幣の
平均流通回数

＝

流通手段として必要な
貨幣の総量

マルクスはこう考える

「貨幣の流通は、同一過程の不断の単調な繰返しを示している。商品はつねに売り手の側にあり、貨幣はつねに買い手の側にある、購買手段として。貨幣は価格を実現しつつ、商品を売り手の手から買い手の手に移行させる」

それ自体の価値を持たなくなった貨幣

この節の最後は「c　鋳貨　価値標章」です。金や銀などが貨幣として使われていたのが、流通している間に摩滅することが問題になっていました。そこで金銀より価値が低い金属の貨幣を代わりに使うようになります。これを**鋳貨**といいます。１ポンドの銀でつくった貨幣＝１ポンド貨幣というのは成り立たなくなりました。

流通手段としての貨幣には貨幣商品としての金属部分はなくなり、交換の媒介役として使われるのだから、金属の純度や重量はあまり関係なくなってしまいました。国家が社会的な費用を負担しながら、金を鋳貨に鋳造する仕事をするようになったのです。

さらに貨幣は、紙幣に置き換えられました。それ自体価値を持たない紙幣が、どうして貨幣の代行ができるようになったのでしょう。それは、国家が紙幣に強制通用力を与え、社会に対して紙幣が貨幣を代行するものだという役割を保障するからです。この社会の強制通用力はその国家の統治の中でしか通用しません。

前項で紹介した貨幣の必要量は、貨幣が金や銀のように価値を持っているなら、貨幣量が必要量を超えれば余剰の分は流通からはじき出され、下回れば補充されるのですが、紙幣ではそうはいかなくなります。

そこで「**紙幣の発行は、紙幣によって象徴的に表わされる金（または銀）が現実に流通しなければならないはずの量に制限されるべきである**」という、紙幣発行を律する法則が見出されます。

第3章「貨幣または商品流通」第2節「流通手段」③

★この項のPOINT

鋳貨とは、貨幣として鋳造された金貨などがより安い価値の貨幣を代わりにするということ。価値標章とは金の代わりに価値を表わすこと

● 紙幣が出現するまで

金や銀などの貴金属の貨幣が流通

1ポンドの銀でつくった貨幣＝1ポンド貨幣というように
その価値は一致

▼

金や銀は流通している間に摩滅するため、また、交換の媒介役として使われるのだから、金属の純度や重量は関係ないとして、国家が社会的な費用を負担しながら、金を鋳貨に鋳造。

貨幣とその価値は一致しなくなる

▼

紙幣の登場

国家が紙幣に強制通用力を与え、社会に対して紙幣が
貨幣を代行するものだという役割を保障

▼

紙幣発行を律する法則を見出す

貨幣の3つの形態について

第3節もａｂｃという3項に分けて、貨幣について述べられています。「ａ　貨幣退蔵」では、貨幣は「万物の神経」として「**富の、いつでも出動できる、絶対的社会的な形態**」と規定されます。何でも買うことができる、富の絶対的な形態としてとらえられているのです。

退蔵とは金銭を使用せず隠し持つことです。同じ商品を大量に集めても意味を成しませんが、貨幣を貯めこむことには大きな意味があります。欲しい商品を買うためでなく商品が売られ、貨幣は退蔵貨幣となり、商品販売者は貨幣退蔵者になったとマルクスは記します。

「ｂ　支払手段」では、商品流通の発展とともに、後払いの売買が発生し、債権債務を満期に清算するための支払手段としての貨幣について解説しています。貨幣は流通手段としてではなく、債務の弁済に支払われる富としての機能をもったのです。支払手段という機能は、商品流通を発展させる一方で、支払いの停滞が起こると、貨幣恐慌を引き起こす可能性があると指摘されています。

貨幣の3つめの項目は「ｃ　世界貨幣」です。一国の貨幣ではなく、世界に通用する貨幣のことです。国内の貨幣は国家が強制通用力を与え、その国では通用しても、領域外に出たら通用しなくなります。そのため万国共通の貨幣が必要となりますが、金や銀という貴金属のもともとの地金形態に後戻りするしかありません。このような世界貨幣が富としての貨幣の第3の形態だとされています。

第3章「貨幣または商品流通」第3節「貨幣」

★この節のPOINT

貨幣には退蔵手段としての機能、支払手段としての機能、世界貨幣としての機能がある

● 退蔵機能

流通手段としての貨幣ではなく貨幣を貯めこむ退蔵手段としての貨幣の機能のことで、貨幣を貯めこむ社会は遅れているとマルクスは指摘。貨幣流通が減少するとデフレとなって物価は下がる。

● 支払手段

離れたところとの取引などによって、後払いの売買が発生し、その支払いをするための貨幣の機能。
ここでは売り手と買い手から、債権者と債務者という関係になり、支払いが滞ると貨幣恐慌を引き起こす可能性がある。

● 世界貨幣

一国の貨幣ではなく、世界に通用する貨幣のこと。国内の貨幣はその国だけでしか通用しないため、金や銀という貴金属のもともとの地金形態が万国共通の貨幣となる。

Column

カール・マルクス伝説2

美女と野獣の結婚？

ボン大学時代にマルクスは姉ゾフィーの友だちであり、友人エドガーの姉であったイェニーとひそかに婚約します。両家は住居も近所で、家族ぐるみの親しい交際をしていました。イェニーの実家ヴェストファーレン家はトリールきっての名門でした。

婚約時イェニーは22歳、トリール社交界の花と唄われるほどの美人で才媛でもありました。一方18歳のマルクスは髭面のあまり風さいの上がらない青年で、どう見てもつりあいがとれない2人でしたが、イェニーは数々の縁談を断り、マルクスに愛を誓ったのでした。

2人の結婚はそれから7年後になりますが、その間もイェニーは、周囲からの反対を受け続けます。マルクスがベルリン大学に進学し離れ離れになった2人には、文通も許されませんでした。

遠距離恋愛に不安を覚えたイェニーでしたが、マルクスが自らを慰めるために書いた愛の詩が故郷トリールに送られ、その詩集を読んだ彼女は喜びに泣いたといいます。結婚後もイェニーのマルクスへの愛情は生涯に渡って変わらなかったのでした。

第2篇 貨幣の資本への転化

資本論

Das Kapital

第4章「貨幣の資本への転化」　第1節「資本の一般定式」

いかに貨幣を増やすかが資本の動機と目的

この章からいよいよ資本が登場します。まず、第1篇で解説した「商品（W）―貨幣（G）―商品（W）」という定式を取り上げます。

生産者が自分の商品を売って貨幣に替えるのは、自分が欲しい商品を買うためですが、資本の場合は、貨幣を持って商品を買い、それを売って貨幣を手に入れるというG―W―Gという定式になります。

いわば売るために商品を買うという貨幣の自己運動で、商品の流通とは大きく違います。

出発点と到達点が同じG＝貨幣なのですが、その量が違います。最初のGに儲け分のΔGが付加されるからです。この条件が満たされたとき、この運動は資本の運動となるのです。マルクスはこのΔGを**「剰余価値（メーアヴェルト）」**と名づけました。

資本の運動はG―W―G'という定式で表わされます。G'＝G＋ΔGということになります。

次に資本の運動を支配する推進的動機と規定的目的は、交換価値の増殖だとしています。つまり資本は、貨幣をいかに増やすかが動機であり、目的であるといっているのです。

そして**「この運動の担い手として、貨幣所有者は資本家になる」**として資本家を登場させます。第3章で貨幣退蔵者が出てきましたが、自分の財産である貨幣を増やすということでは共通ですが、貨幣退蔵者は流通の過程から貨幣を取り出して貯めこむのに対し、資本家は繰り返し流通にゆだねることでΔGを得て、剰余価値を増やしていきます。

第4章「貨幣の資本への転化」第1節「資本の一般定式」

● 商品流通と資本

・商品流通の場合

生産者が自分の商品を売って貨幣に替え、自分が欲しい商品を買う

商品（W）― 貨幣（G）― 商品（W）

・資本の場合

貨幣を持って商品を買い、それを売って貨幣を手に入れる

G（貨幣）― W（商品）― G（貨幣）

● 資本の運動

・出発点と到達点のGは量が違う。

最初のGに儲け分のΔGが付加される。ΔGを「剰余価値（メーアヴェルト）」という。

G ― W ― G'

（G' = G + ΔG）

● 貨幣退蔵者と資本家

貨幣退蔵者　流通の過程から貨幣を取り出して貯めこむことで自分の財産を増やす。

資本家　商品を繰り返し流通にゆだねることで剰余価値（ΔG）を得て、財産を増やす。「合理的な貨幣蓄蔵者」

資本論

Das Kapital

剰余価値が生まれる謎

資本の運動の一般的定式「G―W―G」は、G―Wという購買、W―Gという販売から成り、市場経済の方式で価値が等しいものが交換されるなら、ΔGは生まれません。

そこでマルクスは売り手が自分の商品をその価値以上に売った場合と、買い手が価値以下に買う場合を想定します。しかし、その売り手も買い手になり、買い手も売り手になるので、剰余価値は生み出せません。

そこでさらに売らないで買うだけの階級を想定しますが、これも貨幣が流れ込む前提がないと成り立たず、その結果どんな条件でも剰余価値を流通から説明することは不可能だとします。

ここで貨幣の資本への転化（＝剰余価値の形成）は等価物同士が交換されるという法則にもとづいて展開されなければならない、また、資本家はその法則を守りながら過程の終わりには、投げ入れたよりも多くの価値を引き出さなければならない、という二重の結果が生じたとマルクスは言います。この2つの結果を満たす回答を見つけだすことが、経済学によって資本の運動の秘密、剰余価値の謎を解明することになるのです。

ここでマルクスは「ここがロドス島だ、さあ跳べ！」というイソップ物語からの言葉を引用して締めくくります。ロドス島で行なわれたオリンピックの5種競技で大記録を出したというホラ吹きに向かってある男が、ここでも出せるはずだから跳んでみたまえとしていった言葉で、マルクスが経済学者として問題を解決するという自分への挑戦の言葉なのでした。

第4章「貨幣の資本への転化」第2節「一般定式の矛盾」

● 剰余価値の形成に関する相反する2つの結果

- 等価物同士が交換されるという法則にもとづいて展開されなければならない
- 資本家はその法則を守りながら過程の終わりには、投げ入れたよりも多くの価値を引き出さなければならない

▼

この2つの結果を満たす回答を見つけだすことが、
経済学によって資本の運動の秘密、
剰余価値の謎を解明することに!

▼

正面から
この問題に挑戦する

資本論
Das Kapital

第4章「貨幣の資本への転化」　第3節「労働力の買いと売り」①

剰余価値を生む「労働力」という商品

G—W—Gの中で剰余価値は生まれますが、貨幣や流通から起こるのではないとすると、残るのは第1の行為G—Wで買われる商品（W）のうちに起こるとマルクスは考え、そのような商品として「**労働力**」に突き当たります。「労働力」商品は、資本主義を分析するうえでの根本的なものです。

マルクスは労働力を「**一人の人間の肉体、すなわち人間の生きる人格の中にあって、何らかの種類の使用価値を生産する場合に、人間が活動させる、肉体的、精神的能力の総体**」と定義しています。人間は自分が有する労働力を商品として市場に出すことができます。この商品なしには貨幣が資本に転化しない、決定的な商品をマルクスは見出したのです。

そして、労働力が商品になるには、2つの条件が必要となります。1つは自分の労働力を売るためにはその労働力を自分のものとして自由にできる権利を持った人間だということ。奴隷だと全部が所有者のものなので、自分の労働を1日いくら、などと売る権利もありません。

2つめは労働以外に必要な生産手段を持っていない人間、つまり労働力を売る以外の方法がない人です。生産手段を持っていたら、その生産物を市場で売ればいいのですから。

資本主義では、労働者は自分の労働力を商品として売り、賃金を得て生活に必要なものを買います。これを「**労働の商品化**」といいます。「**労働の商品化**」は資本主義の成立にとって不可欠の要素なのです。

第4章「貨幣の資本への転化」第3節「労働力の買いと売り」①

★この節のPOINT

剰余価値は労働力という商品によって生み出される

● 労働力が商品になる条件

・自分の労働力を売るためにはその労働力を自分のものとして自由にできる権利を持った人間だということ

・労働以外に必要な生産手段を持っていない人間、つまり労働力を売る以外の方法がない人間だということ

マルクスはこう考える

「労働力はあとになってはじめて支払われるにしても、売られてはいる。だが、この関係を純粋に理解するには、さしあたり、労働力の所有者は、その販売とともに、いつもただちに契約上定められた価格を受け取ると前提するのが便利である」

剰余価値は資本家の労働者からの搾取

それでは労働力の価値は何によって決まるのでしょう。商品の価値はその商品の生産または再生産に必要な労働の量によって決まりますが、労働力では商品の所有者が生きていくに足りる「生きた個人の生存」を維持するために必要な生活の手段の価値だとしています。

労働力の価値は、歴史と文化の段階で異なります。その国の気候によって食物、衣服、暖房、住居なども違うし、習慣や生活要求も違います。しかし、ある国のある時代においては、平均範囲は与えられています。また、労働力の価値にはその子どもたちの生活手段も含まれます。

そして、複雑な労働の養成費も労働の価値に含まれるとしています。特定の労働には養成や教育が必要になりますが、それにかかる費用も労働の価値に入るのです。複雑労働はこの要請費のために単純労働より価値が大きくなります。

ではこの労働力の売買の際、どのような支払い方法がとられるのでしょう。通常は一ヵ月働いた分の賃金を月末に支払うというように、労働者は労働量の使用価値を前貸しして、資本家がその価格である賃金を後払いします。労働者が資本家に信用貸ししているので、資本家が破産したらその賃金は貸倒れになります。

この節では余剰価値は労働力の使用価値と交換価値の相違から生まれることを明らかにして謎を解きました。つまり、資本家が労働者から搾取することによってこのような社会ができたのです。これをマルクスは「ベンサムの天国」（左ページ参照）と呼びました。

第4章「貨幣の資本への転化」第3節「労働力の買いと売り」②

●剰余価値の謎の解明

剰余価値は労働力の使用価値と交換価値の相違から生まれる!

●労働力の価値

商品の価値＝その商品の生産または再生産に必要な労働の量

労働力の価値＝商品（労働力）の所有者が生きていくに足りる「生きた個人の生存」を維持するために必要な生活の手段の価値。また、その子どもたちの生活手段、複雑な労働の養成費も含まれる。

●労働力売買の支払い方法

・労働者は労働量の使用価値を前貸しして、資本家がその価格である賃金を後払いする。

・労働者が資本家に信用貸ししているので資本家が破産したらその賃金は貸倒れとなる。

ベンサムの天国

ベンサムとは功利主義を説いたイギリスの哲学者で、個人の利益追求を社会生活の最高の原理とした。労働力を売買する際、表面的には労働者も資本家も対等であり平等な世界のようにみえるが、実際には資本主義的搾取と抑圧の現実があることを「ベンサムの天国」と痛烈に批判した。

Column

カール・マルクス伝説３

マルクスの良きパパ逸話

マルクスは子煩悩でも知られています。ロンドン亡命中、長女ジェニーと次女ラウラは父マルクスに可愛らしいアンケートをつくって、答えてもらいました。とてもよくマルクスの人柄が出ています。

「パパの好きな徳は？　素朴！

パパの好きな男の人の徳は？　強さ！

パパの好きな女の人の徳は？　弱さ！

パパのおもな性質は？　ひたむき！

パパの幸福感は？　たたかうこと！

パパの不幸は？　屈従すること！

パパがいちばん大目に見て許す悪徳は？　すぐに信じてだまされやすいこと！

パパの好きな仕事は？　読書に没頭すること！

パパの好きな色は？　赤！

パパの好きな名前は？　ラウラ、ジェニー！

パパの好きな格言は？　人間的なことで私の心をとらえないことは何もない！

パパの好きなモットーは？　すべてをうたがえ！」

絶対的剰余価値の生産

第3篇

資本論

Das Kapital

労働は人間にとっての高度な物質代謝

この章では労働力という商品の消費の過程について考察しています。第1節では労働についての概念や規定を紹介していますが、これらは資本主義的生産の研究をするうえで、とても重要なことです。

マルクスは最初に**「労働はまず第一に、人間と自然とのあいだの一過程である」**と述べています。

物質代謝とは生体内で行なわれる物質の分解や合成に関する化学変化の総称で、生物が外界から必要な物質を体内に取り入れて体やエネルギーをつくり、不要なものを体外に排出するという機能のことです。

人間はこのような生物学的な物質代謝だけでなく、自分の行動で切り開いていくというより高度な物質代謝を行なうもので、マルクスはそれが労働だと規定しているのです。

ほかの生物にまねのできないことは、人間は何かをつくるまえにそれを自分の頭の中で構想し、目的としたものを実現させるということです。

人間は労働によってつくるべきものが目的として設定されると、それを頭の中でイメージでき、つくるための手足や神経の動きも決まってきます。自分の意志を目的のために従属させ、集中させます。

労働は、地球上で自然と交流しながら生きていく条件である高度な物質代謝であり、人間の目的を自然の中に実現していく活動であるとし、労働抜きに人間の発展はないとしているのです。

第5章「労働過程と価値増殖過程」第1節「労働過程」①

★この章のPOINT

労働とは、人間が自分の行動で切り開いていく高度な物質代謝である

労働によってつくるべきものを目的として設定

それをつくるための手足や神経の動きが決まる

自分の意志を目的のために従属させ、集中する

目的のものを実現させる

マルクスはこう考える

「人間は、自然素材そのものに対して、一つの自然力として相対する。彼は自然素材を、彼自身の生活のために使用しうる形態において獲得するために、彼の体の持っている自然力、すなわち腕や脚、頭や手を動かす」

資本論
Das Kapital

労働過程を規定するもの

続いて労働過程を構成するものとして、労働そのもの、労働対象、労働手段という3要素を挙げています。労働そのものについては前項で紹介したので、残り2つについて解説します。

労働対象には、天然に存在する「天然資源」と、そこに人間の労働が加えられている「原料」の2種類があると規定しています。

労働手段については「**労働者が自分と労働対象との間に挿入して、労働対象に対する自分の働きかけの導体として役立たせるもの、またはそういうものの複合体**」という表現をしています。

つまり手足に代わって労働対象に働きかける手段のことで、これは以下の2つに区分されています。機械や道具などの機械的労働手段である「生産の筋骨系統」と、製油業におけるタンクやパイプなどの「生産の脈管系統」です。また、労働過程が行なわれるのに必要な対象的諸条件として、土地や建物、道路、運河なども労働手段の一部です。

さらに労働対象と労働手段を合わせて「**生産手段**」、労働そのものは「**生産労働**」としてとらえられます。労働過程に参加した生産手段は生産活動の中で消費されますが、新たな使用価値を持った生産物の「**形成要素**」となります。

このような労働過程はすべての社会形態に共通するものですが、これらが資本家による労働力の消費過程として行なわれると、労働者自身が行なっていた管理や指揮が資本家の仕事となり、労働過程の生産物が資本家の所有物に変わるという独自な現象を示すとしています。

第5章「労働過程と価値増殖過程」第1節「労働過程」②

● 労働過程を構成する3要素

労働そのもの

労働対象　天然資源　原料

労働手段　人間の手足に代わって労働対象に働きかける手段。

- **生産の筋骨系統**…機械　道具＝機械的労働手段。
- **生産の脈管系統**…製油業では　タンク　パイプ　など

労働そのもの＝生産労働
労働対象＋労働手段＝生産手段

※これらが資本家による労働力の
消費過程として行なわれると
労働者自身が行なっていた管理や指揮→**資本家の仕事**
労働過程の生産物→**資本家の所有物**
に変わる

資本論

Das Kapital

剰余価値が生まれる謎を解く

この節では綿花から糸をつくりだす糸製造の労働を例にとり、剰余価値が生み出されるしくみを明らかにします。資本家によって労働者の労働は3シリングの労賃で買われます。1シリングは2労働時間を表わし、3シリングは6労働時間分にあたるという想定です。

この労働者は1時間ごとに1と3分の2ポンドの糸を紡ぎ、1と3分の2ポンドの糸をつくります。6時間の労働で10ポンドの綿花が10ポンドの糸になるというわけです。労働によって付け加えられた価値は6労働時間分の3シリングです。

資本家が1日分の決算をすると、「生産手段の消費分12シリング＋労賃3シリング＝15シリング」、生産された綿糸の価格は「生産手段の消費分12シリング＋付け加えられた価値3シリング＝15シリング」となり、なんの儲け（剰余価値）も出ないことがわかります。資本家は愕然とします。

そして労賃に6労働時間分の価値を支払ったからといって、労働力の支出を6労働時間に制限しなければならないとは限らないとして、1日にどれくらい働かせるかは資本家の裁量で決められたのです。

1日12時間働かせたとすると、「生産手段の消費分24シリング＋労賃3シリング＝27シリング」、綿糸の価格は「生産手段の消費分24シリング＋付け加えられた価値6シリング＝30シリング」で差し引き3シリングの剰余価値が生み出され、謎が解けたのです。

第5章「労働過程と価値増殖過程」第2節「価値増殖過程」

● 剰余価値が生み出される過程

・例　綿花から糸をつくりだす糸製造の労働

条件

資本家から労働者の労働に対して3シリングの労賃が支払われる ➡ 1シリング＝2労働時間
3シリング＝6労働時間

1時間ごとに$1\frac{2}{3}$ポンドの糸を紡ぎ$1\frac{2}{3}$ポンドの糸をつくる
6時間の労働で
10ポンドの綿花が10ポンドの糸になる

● 1日分の決算

①**生産手段の消費分**　12シリング＋労賃3シリング＝15シリング

②**生産された綿糸の価格**＝生産手段の消費分12シリング＋付け加えられた価値3シリング＝15シリング

②－①＝**0**

なんの儲け（剰余価値）も出ない

そこで…

1日12時間働かせることに

①**生産手段の消費分**　24シリング＋労賃3シリング＝27シリング

②**綿糸の価格**＝生産手段の消費分24シリング＋付け加えられた価値6シリング＝30シリング

②－①＝**3シリング**

差し引き3シリングの剰余価値が生み出された！

生産物の価値は不変資本＋可変資本＋剰余価値

マルクスは「**資本のうち、生産手段すなわち原料、補助材料、および労働手段に転換される部分は、生産過程でその価値の大きさを変えない**」とし、これを「**不変資本**」と名づけ、c（constant capital）と表わしました。また、「**資本のうち、労働力に転換される部分は生産過程でその価値を変える。この部分はそれ自体の等価物と、これを超えるある超過分である剰余価値とを再生産するのであり、この剰余価値はそれ自身変動しうるのであって、より大きいことも小さいこともありうる。資本のこの部分は、1つの不変量から絶えず1つの可変量に変化する**」として「**可変資本**」と名づけました。

可変資本はv（variable capital）、剰余価値はm（mehrwert）で表わし、cとvを合わせた資本全体はCと表記します。

次に労働者の労働が同じ時間内に労働対象に新たな価値を付け加えることと、生産手段の価値を新たな生産物に移転して維持するという二重の働きがあることについて、労働者が同じ時間内に二重に労働するのではないとします。

労働には目的とする使用価値をつくりだす具体的有用労働と、すべての商品に共通する価値をつくりだす抽象的人間労働という2つの側面があることは学びました。同じ労働において具体的有用労働の側面から価値が再現され、抽象的人間労働の側面から労働時間に見合う新しい価値をつくると分析します。このようにしてできた生産物には必ず「不変資本c＋可変資本v＋剰余価値m」という価値があるのです。

第6章「不変資本と可変資本」

● 不変資本と可変資本

不変資本　生産過程でその価値の大きさを変えないもの

c（constant capital）と表わす

可変資本　資本のうち、生産過程でその価値を変えるもの

v（variable capital）で表わす

剰余価値　**m**（mehrwert）で表わす

資本全体　cとvを合わせた資本全体を**C**と表わす

● 労働者による労働の働きとは

・同じ時間内に労働対象に新たな価値を付け加える

・生産手段の価値を新たな生産物に移転して維持する

労働者が同じ時間内に二重に労働するのではない

生産物には必ず

不変資本 c ＋ 可変資本 v ＋ 剰余価値 m

という価値が生まれる

資本論
Das Kapital

第7章「剰余価値率」

労働力の搾取度の求め方は

この章では労働力の搾取度について解説します。労働時間のうち、労働者の労働の価値は、必要な生活手段の価値を生産するのに相当する時間のことです。これを**「必要労働時間」**といい、剰余価値を形成する時間を**「剰余労働時間」**といいます。「必要労働時間」分の「剰余労働時間」という式から、労働の搾取度を表わす**「剰余価値率（m／v）」**が求められます。

80ページで挙げた綿糸の労働の例を使うと、1日の労働時間が12時間、そのうち必要労働が6時間、剰余労働が6時間なので、6分の6＝100％ということになります。さらにマンチエスターの一工場主から提供されたデータから計算した、実際の剰余価値率を挙げています。それは153と13分の11％というものでした。この工場主とはエンゲルスの父親でした。

次に生産物の価値を表現することを試みます。1日12時間労働をして30シリングの価値を持つ糸20ポンドが生産されるとき、糸の価値30シリング＝24シリング（c）＋3シリング（v）＋3シリング（m）となります。

イギリスの経済学者シーニョアはこれを、1日の労働時間12時間＝不変資本の補てん分9時間5分の3＋可変資本の補てん分1時間5分の1＋剰余価値分1時間5分の1だとつくりなおしました。9時間5分の3で生産部分の消耗分を取り戻し、次の1時間5分の1で自分の労賃分を生み出し、最後の1時間5分の1で資本のために利潤をつくりだすという、とんでもない結論を出したのでした。

第7章「剰余価値率」

● 労働の搾取度の求め方

必要労働時間　必要な生活手段の価値を生産するのに相当する時間

剰余労働時間　剰余価値を形成する時間

$$\frac{\text{剰余労働時間}}{\text{必要労働時間}} = \text{剰余価値率}(m/v)$$

● 生産物の価値

1日12時間労働をして30シリングの価値を持つ糸20ポンドが生産されるとき

糸の価値30シリング
=24シリング（c）+3シリング（v）+3シリング（m）

● シーニョアの最終1時間

1日の労働時間
12時間
＝
不変資本の補てん分＋可変資本の補てん分＋剰余価値分
9時間$\frac{3}{5}$　　1時間$\frac{1}{5}$　　1時間$\frac{1}{5}$

シーニョアはマンチェスターの資本家たちに選ばれた御用学者で、10時間労働では慈善事業だとし、労働時間を減らすことは断固まかりならないという議論の典拠にされる

資本論
Das Kapital

第8章「労働日」　第1節「労働日の限界」

労働日はどうやって決まるのか

第7章の最後で、マルクスは労働日を**「必要労働と剰余労働の合計、労働者の労働時間の絶対的な大きさ」**と定義しました。第8章では生身の人間を登場させ、労働日の長さの限界という観点から考察します。7章まではやや難解なので、とりあえず第8章から読みなさいとマルクスは労働者に言ったそうです。

労働日は固定的なものではなく、可変的なものです。剰余労働がゼロの、必要生活手段を得るためにどうしても働かなくてはならない時間が最小限の労働時間です。最大限は24時間から睡眠・食事など肉体的欲求や社会的な欲求を引いた時間となります。この間で労働時間が決まるのですが、できるだけ労働時間を延長しようとする資本家と、標準的な時間にしようとする労働者の闘争によって決まると、マルクスは考えました。そして力関係と闘争が事を決するとしたのです。

また、剰余価値生産の２つの方法を紹介しています。労働日の長さを左ページのような線分図にし、a―bが必要労働時間、b―cが剰余労働時間としました。両方が6時間だと剰余価値率は１００％ですが、労働時間を延長して資本家がより大きな剰余労働を手に入れるやり方＝**「絶対的剰余価値の生産」**をして、a―b6時間、b―c8時間にすると、剰余価値は１・３３倍、剰余価値率は１３３％に増えます。逆に必要労働時間を4時間（a―b）に短縮して剰余価値を増やそうとすることを**「相対的剰余価値の生産」**といいます。

第8章「労働日」第1節「労働日の限界」

●労働日

最小限の労働時間＝剰余労働がゼロの、必要生活手段を得るためにどうしても働かなくてはならない時間

最大限の労働時間＝24時間から睡眠・食事など肉体的欲求や社会的な欲求を引いた時間

↓

最大最小労働時間の間で労働時間が決まる

できるだけ労働時間を延長しようとする資本家

標準的な時間にしようとする労働者

↓

闘争によって決まる。力関係と闘争が事を決する！

●剰余価値生産の2つの方法

・剰余価値率100%

a ―――――― b ―――――― c

必要労働時間 6時間 ＋ 剰余労働時間 6時間 ＝12時間

・絶対的剰余価値の生産

剰余価値1.33倍　剰余価値率133%

労働時間を延長して剰余労働を手に入れる

a ―――――― b ―――――――― c'

6時間 ＋ 8時間 ＝ 14時間

・相対的剰余価値の生産

剰余価値1.33倍　剰余価値率200%

a ―――― b' ―――――――― c

4時間 ＋ 8時間 ＝ 12時間

資本論

Das Kapital

労働時間をめぐる資本家と労働者の闘い

マルクスは資本が剰余労働を発明したのではないとして、剰余労働自体は必要であると認めています。しかし、それが生産そのものの性格からではなく、黄金欲から来ていることが多いとしました。

ここではアテネの貴族、エトルリア（ローマ時代のイタリアの国）の神政者などによる奴隷制度や、アメリカの奴隷制度が残虐になったのは綿花栽培が世界市場と結びついたことなどに触れ、さらにノルマン人の領主、ワラキアのボヤール（領主）の封建制度、近代のランドロード（地主）や資本家の資本主義社会に歴史的解説を加えています。

「剰余労働に対する無制限な欲求は生産そのものの性格からは発生しない」として、文明が発達していなければいないほど搾取が過酷になると思うのは間違いであると指摘しています。食べ物や着る物を貯めこんでもあまり意味はないからです。

イギリスの工場労働とドナウ諸侯国（ルーマニアあたり）のボヤールの賦役労働（労働による税金）との比較では、ボヤールを剰余価値の追求者の代表として取り上げます。

マルクスは労働日の標準化でイギリスの工場主が示した態度に、ボヤールと同じ姿を見ました。イギリスでは工場法ができ、国家が資本の搾取を取り締まることになりましたが、マルクスは「労働日を強制的に制限することにより、労働日を無制限に搾り取ろうとする資本家の熱意を取り締まる」と表現しました。

第8章「労働日」第2節「剰余労働にたいする渇望。工場主とボヤール」

●ドナウ諸侯国のボヤール（領主）

「レグルマン・オルガニク（国家基本法）」（1831年）によって、農民はボヤールに対して現物で年貢を納めるほかに、年間14日の労働をする義務があると定められている。

1日の労働は3日かけなければできないような量

実質42日分の労働
＋
人事の労役12日分
＋
執行過程では労働の内容が何倍もの日数に！

マルクスはこう考える

「毎日、ますます威嚇的に膨張する労働者運動を論じないとすれば、工場労働の制限は、グアノ肥料をイギリスの耕地に注がせたのと同じ必然性の命ずるところだった」

（グアノの注ぎ込みとは、荒廃した農地を回復させるため、19世紀半ばから南米から輸入した海鳥の化石糞グアノを大量投入したこと）

資本論 Das Kapital

第8章「労働日」 第3節「搾取にたいする法的制限を欠くイギリスの産業諸部門」

過重労働による労働者たちの惨状

当時のイギリスでは1850年から工場法が実施されていました。労働時間は最大10時間を保証していましたが、工場主たちは巧みに不正をしていました。ある監督官の計算だと、食事時間を少し短くする、仕事の時間より早く始め、終わりを遅くするなどして、1週間で5時間40分にもなったといいます。

第3節の冒頭では、自童労働調査委員会の報告書から引用した児童労働の実態が示されます。「この子が7歳だったとき、この子を背負っていつも雪の上を往復するのが常でした。そして彼は、16時間働くのが常でした！……しばしば私は、彼が機械について立っているあいだに、膝をついて彼に食事させました、彼は機械を離れたり、停めたりしてはならなかったからです」

工場法は条件が適用できるところから始めてしだいに範囲を広げていったので、適用が遅れていた部門があったのです。子どもや女性にも適用外の労働が強いられていたのでした。

鉄道労働者の過失で数百人が亡くなった鉄道事故も取り上げます。彼らは10年くらい前までは8時間労働であったのに、それが14時間、18時間、20時間と引き上げられ、バカンス客が多いときには休みなしで40～50時間働くことも珍しくなかったと、陪審員に訴えました。

また、婦人服工場で働くメアリーという女性は、1日16時間以上働き、ある朝ベッドで死体となって発見されます。マルクスは「われわれの白色奴隷は、墓場までも追い使われ、音もなく疲れ果てて死んで行く」という新聞記事を引用しています。

第8章「労働日」第3節「搾取にたいする法的制限を欠くイギリスの産業諸部門」

●製陶業の惨状

9歳のウィリアム・ウッドは「彼が働きはじめたとき、7歳10ヵ月だった」。彼は最初から「型運びをした」（型に入れられた品を乾燥室に運び、次に空の型を持って帰った）。彼は平日は毎日朝の6時に来て、夜の9時頃に仕事をやめた。「私は平日は毎日晩の9時まで働く。たとえば最近の7～8週間はそうである」。すなわち、7歳の子どもに15時間の労働！

●マッチ製造業の惨状

労働者の半数は、13歳未満の児童および18歳未満の少年である。この製造業は非衛生と不快とのために評判がわるく、労働者階級の最も零落した部分、飢餓に瀕した寡婦等々が、この工業に子どもを引き渡すだけである。

●壁紙工場の惨状

「この冬（1862年）には、19人の少女のうち6人は過労からきた病気のために欠勤した。彼女らを起こしておくためには、私はどなりつけねばならない」

資本論

Das Kapital

第8章「労働日」　第4節「昼間労働および夜間労働。交替制」

子どもたちにより過酷になった労働

資本家たちは機械をフル稼働させるために、できるだけ労働時間を延ばそうとしてきましたが、1人の人間が24時間働きつづけることは不可能です。この問題を解決するのが、昼夜交代制でした。

ここでも子どもたちに過酷な労働が課せられました。子どもたちの労働力は安く、彼らは従順なので、資本家にとって都合のよい存在だったのです。彼らは教育を受けることもなく、ひたすら働きました。「4の4倍は8ですが、4を4つ寄せると16です」（12歳）、「イングランドには住んではいません。そんな国はあると思いますが、前にはそのことを知りませんでした」（12歳）、などという、無垢で無知な子どもたちの言動を、マルクスは注として記しました。

マルクスは昼夜交代制を、自然日の限界を超えて労働日を夜間まで延長することは、単に緩和剤の作用をするだけであり、労働という生き血を求める吸血鬼の飢えを、ただある程度しずめるだけで、1日の24時間全部にわたって労働をわがものとすることが、資本主義的生産の内在的衝動なのだと激しく批判します。

人間の体の自然なリズムを壊すことは、労働者の人間としての根本に関わる問題であり、剰余価値を求めるためだけに、過酷な労働を課す資本家を、生き血を求める吸血鬼だと、厳しく告発したのです。

さらに夜間労働や交代制を組み入れると、不正に労働時間を増やす機会も増えると、訴えました。

第8章「労働日」第4節「昼間労働および夜間労働。交替制」

● 昼夜交代制の実態

・名目的労働日が朝の6時から夕方の5時半だったある工場で

■ ある少年は毎週4晩、少なくても翌日の夜8時半まで労働した。しかもそれが6ヵ月間である

■ もうひとりの少年は、9歳のときしばしば12時間労働3交代分を続けざまに、10歳のときには2日2晩続けざまに労働した

■ 当年10歳の第3の少年は、朝の6時から3晩は夜の12時まで、その他の晩は夜の9時までずっと労働した

■ 当年13歳の第4の少年は1週間中午後6時から翌日の正午まで労働し、しかもしばしば3交代分続けざまに、たとえば月曜日の朝から火曜日の夜まで労働した

■ 当年12歳の第5の少年は、ステーヴリのある鋳鉄工場で14日間朝の6時から晩の12時まで労働したが、もうそれを続けていくことはできない

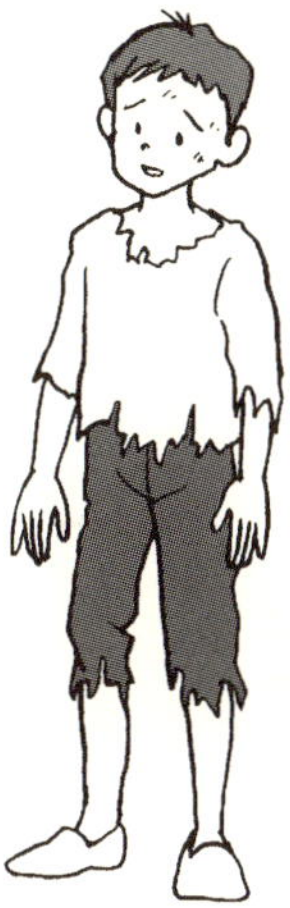

マルクスはこう考える

「1日の全24時間を通じて労働を占有することが、資本主義的生産の内在的衝動である」

資本論

Das Kapital

第8章「労働日」　第5節「標準労働日のための闘争」①

「大洪水よ、わが亡き後に来たれ！」

この節には「14世紀中葉より17世紀末に至る労働日延長のための強制法」というサブタイトルがつけられています。歴史的な内容は後半で触れ、前半は8章の第1節から第4節までのまとめとなっています。

はじめに、労働日とは何であるかについて述べられます（左ページコラム参照）。労働者には労働を続けていけるだけのわずかな休息時間があればよいとする資本家に、労働者には人間的に必要とする時間を与えるべきだとマルクスは訴えます。労働日の問題は、労働者の人間的存在の権利をかけた闘争なのです。

過酷な労働によって労働者たちは発育不全となり、寿命を縮めていました。いずれはそれが資本主義の将来を揺るがすものであるにもかかわらず、資本家たちはそんなことにはお構いなしです。

ここでマルクスは「大洪水よ、わが亡き後に来たれ！」という有名な言葉を引用し（左ページ参照）、これが資本主義の精神だということを示します。

労働日の歴史的部分は、**「標準労働日の確立は、資本家と労働者の間の数百年の闘争の成果である」**という文章で始まります。

14世紀から17世紀は「労働規制法」が施行されていましたが、実情は規定時間以上の労働をさせられていました。資本が国家権力を借りておとなの労働者に対する労働日の延長が、19世紀後半の子どもたちの労働日と一致することをマルクスは明らかにしています。

第8章「労働日」第5節「標準労働日のための闘争」①

●大洪水よ、わが亡き後に来たれ!

★マルクスの言葉

「『大洪水よ、わが亡き後に来たれ!』これがすべての資本家および資本家国民のスローガンである。それゆえ、資本は社会によって強制されるのでなければ、労働者の健康と寿命に対し、何ら顧慮も払わない。…しかし、全体としてみれば、このこともまた、個々の資本家の善意または悪意に依存するものではない。自由競争は資本主義的生産の内在的な諸法則を、個々の資本家に対して外的な強制法則として通させるのである」

★出典は…　フランス革命の前、ルイ15世の愛人ポンパドール夫人の言葉

フランス王室の浪費を**「こんな贅沢をしていては財政が破綻する」**ととがめられた夫人が言ったとされる言葉。

「そんなことは私が知ったことではないわ。大洪水(=財政破綻)が来るなら私が死んでからにして」

マルクスはこう考える

「『労働日とは何か?』。資本が、その資本によって、日価値の支払われる労働力を消費してよい時間は、どれだけの大いさか? 労働日は、労働力そのものの再生産に必要な労働時間をこえてどこまで延長することができるのか?　すでに見たように、これらの問いにたいして資本は次のように答える、労働日は、毎日まる24時間から、それなくしては労働力が絶対に再度の用をなさなくなる休息時間を差引いたものである、と」

資本論 Das Kapital

工場法の成立と標準労働日の規定

この節のサブタイトルは「労働時間の強制法による制限。１８３３―１８６４年のイギリスの工場立法」です。

18世紀末に大工業が出現すると、労働日の延長はさらに過激になり、これに対する労働者階級の抵抗が始まります。そして１８３３年「工場法」が誕生します。

ここで標準労働日が制定されますが、はじめは午前5時半から午後8時半の15時間で、13歳から18歳未満は12時間まで、13歳以下は8時間までに制限し、9歳未満は労働禁止としました。9歳から18歳の子どもは夜間労働も禁止されました。

しかしこれは抜け穴だらけの法律で、法律を逆手にとって悪用したり、リレー制度という、子どもを2組に分けて連続して働かせるということも見られました。

34年に工場法が成立すると、この時期に10時間法案と普通選挙権をスローガンにしたチャーチスト運動が盛んになったこととあいまって労働運動は激しさを増し、１８４４年には女性も未成年の条件に含まれ、児童労働は7時間に引き下げられます。そして48年5月、議会で10時間労働法案が通過します。そして50年に追加工場法、53年に児童労働規制法が定められることとなりました。

「１８５０年の工場法が、その適用された産業部門においては、あらゆる種類の労働者の労働日を規定した。最初の工場法の制定以来、いまや半世紀が流れ去った」と記されています。

第8章「労働日」第6節「標準労働日のための闘争」②

●イギリスの工場法の歩み

1802～1833年	名目だけの5つの労働法
1833年	15時間労働法 工場監督官制度
1834年	児童に対する8時間労働法
1842年	鉱山法
1844年	追加労働法（女性に対する12時間労働法）
1845年	捺染工場法
1847年	新工場法
1848年	10時間労働法
1850年	追加新工場法
1853年	補完新工場法
1860～1863年	染色工場、漂白工場、レース工場、靴下工場、土器製造業、マッチ工場、雷管工場、弾薬筒工場、じゅうたん工場などに適用が拡大
1864年	工場法
1867年	工場法拡張法 労働時間規制法
1878年	工場および作業場法

資本論
Das Kapital

第8章「労働日」　第7節「標準労働日のための闘争」③

イギリスの工場法を広めるために

サブタイトルは「イギリス工場立法の他の諸国への反応」とつけられ、イギリスでの標準労働日の制定がほかの国に及ぼした作用について述べられています。

はじめにこの闘争の先頭に立ったイギリスの労働運動への賛辞が捧げられます。

「標準労働日なるものの創造は、資本家階級と労働者階級とのあいだの、長期間にわたる、多かれ少なかれ伏在的な市民戦争の産物である。この闘争は、近代的産業の圏内で開始されるのであるから、初めはまず、近代的産業の祖国であるイギリスで演ぜられる。イギリスの工場労働者たちは、たんにイギリスの労働者階級のみではなく、近代的労働者階級一般の選手であり、彼らの理論家もまた最初に資本の理論に挑戦した者であった」

そして次にフランスについて語り、工場法は半歩遅れて伝わるだろうと希望を込めて推測します。

さらにアメリカについて、アメリカの労働者も８時間労働日のために立ち上がったことを紹介します。そしてこのアメリカの運動に呼応して、国際労働者協会（第１インターナショナル）が１８６６年のジュネーブ大会で８時間労働日の要求を決定したことを報告します。

この節では、ドイツについては触れられていません。その頃のドイツは工場法がまだほとんど存在せず、マルクスとエンゲルスはこの『資本論』をもって、ドイツにイギリスの工場法を広げようとしていたとされています。

第8章「労働日」第7節「標準労働日のための闘争」③

●イギリスの闘争の各国への影響

・フランス

フランスはイギリスのあとからのろのろやってくる。

12時間法の誕生のために2月革命を要したが、その12時間法もイギリスの原物と比べると欠陥だらけである。

しかし、無差別にすべての仕事場および工場に対し、労働日の同じ制限を一挙に課していることは、長所である

・アメリカ

自立的な労働者運動は奴隷制がはびこっていた間は依然として麻痺状態だったが、南北戦争で奴隷制が死滅してから、一気に進んだ。

マルクスはこう考える

「われわれはここに、労働日の制限を、それなくしては解放を求めるほかのいっさいの努力が挫折せざるをえない先決条件だと宣言する…われわれは、8時間労働を労働日の法的限度として提案する」

〈1866年の国際労働者協会（第1インターナショナル）ジュネーブ大会での要旨〉

儲けを増やすには労働者の数を増やす

第9章では可変資本と剰余価値の総量について考察しています。1人の労働者については第6章で解説したように、1日8時間労働の場合、剰余価値率が50％だと剰余労働時間は4時間、100％だと8時間になります。

このような観点から、この章では多くの労働者の人数（1つの工場全体の労働者の人数）の剰余価値の総量について述べています。

マルクスは3つの法則を提示します。第1の法則は「可変資本によって生産される剰余価値の総量は、前もって雇われた可変資本に剰余価値率をかけたものに等しい。あるいは、それは同じ資本家に搾取される労働者の数と、個々の労働力の搾取率との相関関係に規定されている」というものです。労働者が減れば、搾取する労働時間を増やすということになります。

第2の法則は、「労働日の延長で剰余価値の総量を増やすのには、24時間という絶対的な限界がある」というもので、労働時間を増やすことには、限界があるとしています。

第3の法則は「剰余価値率が決まっていれば、可変資本が大きいほど剰余価値の総量はそれに比例して大きくなる」、つまり剰余価値を増やすには、労働者（可変資本）の人数を増やすことだと述べています。しかし、実際には労働者の数ではなく、機械（不変資本）を増やしているのですが、この矛盾は10章で解いています。

また、貨幣が資本に質的に変化するには、一定量の貨幣額が必要だということを説明しています（左ページ参照）。

第9章「剰余価値の率と剰余価値の量」

●剰余価値総額の3つの法則

第1の法則　可変資本によって生産される剰余価値の総量は、前もって雇われた可変資本に剰余価値率をかけたものに等しい。あるいは、それは同じ資本家に搾取される労働者の数と、個々の労働力の搾取率との相関関係に規定されている

第2の法則　労働日の延長で剰余価値の総量を増やすのには、24時間という絶対的な限界がある

第3の法則　剰余価値率が決まっていれば、可変資本が大きいほど剰余価値の総量はそれに比例して大きくなる

●貨幣の量的変化と質的変化

・貨幣が資本に転化するには、一定の基準がある
最小限の基準は、資本主義的生産の発展段階や生産部門の技術的条件で変化するが、蓄積された貨幣が量的にその基準を超えたとき、はじめて貨幣から資本への質的転化が可能になる

貨幣から資本への質的変化が貨幣額の一定量を必要条件とする、という事実はヘーゲルの弁証法すなわち単なる量的な変化がある一定の点で質的な区別に転化するという法則の実証である

▼

つまり、剰余価値を上げるために労働者を増やすというのは、労働者を供給するための前貸し資本を必要とすることから、前貸し資本を持ち、増やした労働者を監視することが資本主義を生み出す

Column

カール・マルクス伝説4

マルクスの貧乏自慢

裕福な家庭に育ったマルクスと、さらにもっと資産家の娘イェニーでしたが、『ライン新聞』の編集主任を降り、追われるようにパリに亡命してからの生涯はずっと貧乏でした。

オーバーを質に入れ、寒さで外出できないこともあったし、原稿用紙が買えず仕事にさしさわりが出ることもありました。また、家賃が払えなくて追い立てを食ったり、家具や衣類、子どものおもちゃまで執達吏（裁判の執行や裁判所の発する文書の送達その他の事務を行なう）に差し押さえられてしまったこともあったといいます。

そのたびにマルクスは友人や知り合いにお金を無心しました。それでも彼は多くの友人から尊敬されていました。彼の家は同志たちの憩いの場所となっていたのです。

そんななか、食べる物も買えず、次男ハインリヒを1歳で亡くしたのをはじめ、3女フランチスカ、長男エドガーも亡くしてしまいます。夫婦にはその棺を買うお金もありませんでした。見かねたエンゲルスはマルクスのために儲け主義の畜生と非難していた父の会社で働き、生涯にわたって資金援助しつづけたのでした。

相対的剰余価値の生産

第4篇

資本論

Das Kapital

第10章「相対的剰余価値の概念」

必要労働時間を短くして剰余価値を産むには

86ページで「絶対的剰余価値」と「相対的剰余価値」について少し紹介しました。必要労働時間6時間、剰余労働時間6時間のときを1とすると、必要労働時間を6時間から8時間に延長することで、剰余価値は1・33倍に、剰余価値率も100％から133％に増えます。これが「**絶対的剰余価値の生産**」という方法です。

逆に必要労働時間を4時間に短縮し、剰余労働時間を8時間とすると、剰余価値は1・33倍、剰余価値率は200％に増えます。これを「**相対的剰余価値の生産**」といいます。どちらもマルクスが名づけました。

この章では相対的剰余価値について述べられています。まず、必要労働時間が短くなるというのはどういう場合かを考えます。必要労働時間は労働者が生活費を生み出すための労働時間なので、生活費が下がる＝生活に必要な物価が下がれば短くなります。生活費が下がるのは生産力が高くなり、少ない労働時間で生産されるようになった場合です。

また、資本家が新しい生産方法で生産力を上げ、相対的剰余価値を増やそうとする動機は、「**特別剰余価値**」（左ページ参照）の獲得だとしています。新しい生産方法を最初に使いはじめた工場は多くの特別剰余価値＝利益を手にしますが、その方法が一般的になると、特別剰余価値は消滅してしまいます。これがいろいろな産業部門で起こると、全体的に商品の価格、労働者の生活必需品、労働力の価値を下げるという、社会全体の現象となるのです。

第10章 相対的剰余価値の概念

● 特別剰余価値

〈例〉・ある商品が、1日12時間労働で労働者1人当たり12個生産されている。

・1労働時間で6ペンス（1/2シリング）の価値をつくりだす。

・消耗される生産諸手段の価値は1個当たり6ペンス。

以上によって

不変資本6ペンス＋可変資本6ペンス＝12ペンス（＝1シリング）
が1個当たりの商品の価値となる。

▽

新しい生産方法で生産力が2倍になった。

▽

商品は1日12時間労働で労働者1人当たり24個生産されるようになり、この商品の個別的価値は
不変資本6ペンス＋可変資本3ペンス＝合計9ペンス になる。

▽

社会的価値は12ペンスなのでプラス3ペンスの
剰余価値＝特別剰余価値 が出る。

販路を拡大するために社会的価値以下の10ペンスで売っても商品1個当たり1ペンスの特別剰余価値を獲得できる。これが資本家が生産力を上げる動機。

▽

この方法が一般的になると、特別剰余価値は消滅。

▽

全体的に商品の価格、労働者の生活必需品、労働力の価値を下げる社会全体の現象に。

第11章「協業」

生産力を上げるための方法

前章で相対的剰余価値を増やすには、生産力を増大させることだということを解明しました。この章から、その具体的な方法を探っていきます。相対的剰余価値の生産には3段階あり、最初に挙げられているのが「協業」です。

マルクスは協業を**「同じ生産過程で、あるいは同じではないが関連のあるいくつかの生産過程で、多くのものが計画的に一緒に協力して労働するという、労働の形態を協業という」**と解説しています。

はじめに同種の仕事を並んで行なう単純協業について考察し、技術的方法を変えなくても多くの労働者を集めることで、価値と剰余価値の生産を増加させる効果があるとして、6つの効果を挙げています。

それは、①労働者の個人的差異が相殺されて平均化する、②生産手段の共同使用による節約とそれにともなう商品価値の低下、③集団力としての生産力の創造、④労働者間の競争力や活力が刺激され作業能力が高められる、⑤リレー作業のような共同作業と多方面からの作業が同時進行できることによる生産力のアップ、⑥ある種の決定的瞬間に発揮される結合労働の効果、です。

また、多数の労働者が力を合わせることを「労働の結合」または「結合された労働日」と呼び、労働の結合では個人的に労働しているときには現われない「類的能力」が現われること、大勢で労働するときには調節者や監督者、識者が必要だということを分析しています。

第11章「協業」

★この章のPOINT

協業とは同じ仕事場で多くの労働者が同時に作業する労働形態のことで、多数の労働者が力を合わせることを「労働の結合」または「結合された労働日」と呼び「類的能力」が現われる

● 協業の6つの効果

①労働者の個人的差異が相殺されて平均化する
②生産手段の共同使用による節約とそれにともなう商品価値の低下
③集団力としての生産力の創造
④労働者間の競争力や活力が刺激され作業能力が高められる
⑤リレー作業のような共同作業と多方面からの作業が同時進行できることによる生産力のアップ
⑥ある種の決定的瞬間に発揮される結合労働の効果

マルクスはこう考える

「一定の場所における彼らの集合が彼らの協業の条件であるとすれば、賃金労働者は、同一の資本、同一の資本家が、彼らを同時に充用することなくしては、したがって彼らの労働力を同時に買うことなくしては、協業することはできない」

資本論
Das Kapital

第12章「分業と工場手工業」①

協業の発展が分業を生んだ

ここでは第1節「工場手工業の二重の起源」第2節「部分労働者とその道具」について紹介します。

まず第1節の冒頭で、分業にもとづく協業がマニュファクチュア（＝工場手工業）にとって特徴的形態であることが示されます。資本主義の発展には、16世紀半ばから行なわれた支配的なマニュファクチュア時代があったとしています。

次にマニュファクチュアの二重の起源を紹介します。1つは、たとえば客馬車を製造する場合にいろいろな能力を持った労働者が同じ資本家の指揮のもとで、同じ作業場に集められ、協力し合って労働すると、最初は特殊技能を持った者の集まりであったのが、しだいにだれでもできるような労働に分割される、というものです。

もう1つは、多数の手工業者が同じ資本家のもとで、同時に同じ作業場で労働する場合に、期日までに大量の商品をつくらなくてはならないといった事態が起こると、それぞれの労働者が完成品をつくるのではなく、作業を分割して部分的な労働を行なうようになるというものです。

このようにたくさんの人が集まって労働する協業の発展形態として「分業」が生まれ、分業によって、協業はさらに大きな成果を上げることになります。

第2節では分業によって、たくさんの生産過程ができ、その作業に必要な道具がつくられることになるとされています。やがてその道具が進化し、道具を組み合わせた機械が生まれるもととなります。

第12章「分業と工場手工業」①

★この章のPOINT

分業とは協業の発展形で、ある生産物の生産過程が多くの部分的作業に分割されること

● マニュファクチュアの二重の起源

①客馬車を製造する場合にいろいろな能力を持った労働者が同じ資本家の指揮のもとで、同じ作業場に集められ、協力し合って労働すると、最初は特殊技能を持った者の集まりであったのが、しだいにだれでもできるような労働に分割される

②多数の手工業者が同じ資本家のもとで、同時に同じ作業場で労働する場合に、期日までに大量の商品をつくらなくてはならないといった事態が起こると、それぞれの労働者が完成品をつくるのではなく、作業を分割して部分的な労働を行なうようになる

マルクスはこう考える

「分業に基づく協業は、マニュファクチュアにおいてその典型的な態容《かたち》を作り出す。それが資本主義的生産過程を特徴的形態として支配的に行なわれるのは、大約16世紀の半ばから18世紀の最後の3分の1期にいたる本来の工場手工業時代のことである」

いろいろな分業の形

第3節「工場手工業の二つの基本形態――異種的工場手工業と有機的工場手工業」では2つのマニュファクチュアについて解説しています。

1つは時計工場を例にして、小さな部品を町工場でつくり、それを組立工場で組み立てるというような、村に小さな工場が点在しているケースです。

もう1つは総合的な分業で、流れ作業的な形態です。ここでは労働の連続性、一様性、規則性、秩序、労働の強化がもたらされます。これを「有機的マニュファクチュア」といいます。

第4節「工場手工業内の分業と社会内の分業」では、2つの分業について述べています。「社会内の分業」とは、それぞれの生産者は独立していてお互いが商品交換で成り立っているというしくみです。

「マニュファクチュア内の分業」とは、部分労働者が商品を生産しないことが特徴です。「同一の資本家にさまざまな労働力が販売され、その資本家がこれらを結合労働として使用する」ことによって媒介されている、として、生産過程を指揮する資本家の専制的な権威を示すものです。ここでマルクスは社会内の分業の例として、太古的なインドの共同体を紹介します。

第5節「工場手工業の資本主義的性格」では、労働者が資本主義的生産の中のどこに置かれるかということが書かれ、マニュファクチュア的分業も生産力の発展も労働者のものでなく資本家に属するものだとしています。

第12章「分業と工場手工業」②

◉いろいろな分業の形

●異種的マニュファクチュア

時計工場を例にして、小さな部品を町工場でつくり、それを組立工場で組み立てるというような、村に小さな工場が点在しているケース

●社会内の分業

それぞれの生産者は独立していてお互いが商品交換で成り立っているというしくみ

●有機的マニュファクチュア

総合的な分業で、流れ作業的な形態。労働の連続性、一様性、規則性、秩序、労働の強化がもたらされる

●マニュファクチュア内の分業

部分労働者が商品を生産しないことが特徴で、同一の資本家にさまざまな労働力が販売され、その資本家がこれらを結合労働として使用することによって媒介される

マルクスはこう考える

「最後に工場手工業は、一部分は種々の手工業者の結合から発生するのであるが、同様に、種々の手工業者の結合にも発展しうる」

第13章「機械装置と大工業」①

機械は原動機、伝動装置、作業機から成り立つ

第13章は『資本論』のなかで最も長く、普通の本なら1冊分の長さがあります。第1節では「何によって労働手段は道具から機械に転化されるのか、または何によって機械は手工業用具と区別されるのか」という問題を扱います。

第1節「機械装置の発達」の冒頭は、ジョン・スチュアート・ミル（左ページ参照）の『経済学原理』の**「機械の発明が人間の日々の苦労を軽減したかどうかは疑問である」**という引用から始まります。

マルクスは機械の資本による使用目的は、相対的剰余価値の生産だと規定します。そのうえで、まず、機械とは何かという点を考察します。そして、機械が3つの部分から成り立っているという結論を出します。

3つの部分とは、原動機、伝動装置、作業機または道具機です。労働者が道具を使って製品に加工していたことを、労働者に代わって作業する機械が作業機または道具機で、作業機の動力をつくるのが原動機、原動機でつくられた動力を作業機に送るのが伝動装置です。

そして、原動機も伝動装置も、作業機が18世紀の産業革命の出発点だとして、作業機の役割が大きいことを指摘します。

また、原動機が多数の作業機を同時に動かす協業を可能にし、伝動装置を媒介としていろいろな作業を体系化したのです。

このように機械を使った大工業が発達し、さらに交通や運輸機関も大工業に適合するものに変革されたのでした。

第13章「機械装置と大工業」①

★この章のPOINT

機械の資本による使用目的は、相対的使用価値の生産で、すべての発達した機械は、本質的に異なる原動機、伝動装置、作業機または道具機という3つの部分から成り立っている

● 原動機

作業機の動力をつくる。協業を可能にした。

● 伝動装置

原動機でつくられた動力を作業機に送る。

● 作業機または道具機

原動機も伝動装置も作業機につれて変革され、18世紀の産業革命の出発点となっている。

ジョン・スチュアート・ミル

19世紀イギリスを代表する哲学者・経済学者。古典経済学の完成者として有名であり、徹底して個人の自由を尊重した。父を通じてJ・ベンサムの功利主義の影響を強く受けるが、後年その思想を批判的に検討、より大きな知的統合を試みた。著書は『論理学体系』（1843）、『経済学原理』（1848）、『自由論』（1859）、『功利主義』（1863）など多数。

資本論

Das Kapital

機械の価値と機械導入が及ぼす影響

第2節「生産物にたいする機械装置の価値移転」では、機械の価値について考察します。機械の購入には大きな費用がかかりますが、それは一度に商品にかかるのではなく、少しずつ転化されます。

「機械は労働過程にはいつも全面的に入り込むが、価値増殖過程においては常に部分的にのみ入り込む」と書かれているように、平均的な消耗分の価値が転化されるのです。

機械は人間の労働の代わりをするのですから、労働力より安くなければ、使う意味がありません。労働力の価値を節約する目的で導入されるので、使用の限度が狭く、制限されると指摘しています。

第3節「機械経営が労働者に及ぼす第一次的影響」では、機械導入が労働者に及ぼす影響を批判的に分析します。

「a　資本による補助的労働力の領有。婦人労働と児童労働」では、機械が力仕事をするので、力のない婦人や児童が男性労働者に代わって雇用されることを挙げ、労働力の価値が低下することを指摘しています。

「b　労働日の延長」では、休みなく動く機械と一緒に働くことで労働時間が長くなることを挙げています。また、機械によって不要になる労働者をつくることが指摘されます。

「c　労働の強化」では、機械によって生産量が増え、労働が強化されたことをあげています。機械によって資本家の利益はますます増えたのです。

第13章「機械装置と大工業」②

★この節のPOINT

第2節「生産物にたいする機械装置の価値移転」では、機械の価値について考察し、第3節「機械経営が労働者に及ぼす第一次的影響」では、機械導入が労働者に及ぼす影響を批判的に分析する

● 機械経営が労働者に及ぼす影響

a　資本による補助的労働力の領有。婦人労働と児童労働

機械が力仕事をするので、力のない婦人や児童が男性労働者に代わって雇用される。労働力の価値は低下する。

b　労働日の延長

休みなく動く機械と一緒に働くことで労働時間が長くなる。
また、機械によって不要になる労働者をつくる。

c　労働の強化

機械によって生産量が増える。

自動化工場とその労働者の分析

第4節「工場」では、機械設備全般を取り上げています。最も発達した姿態である機械経営＝自動化工場が分析の対象になります。

ここではマルクスが何度も引用する機械の発明家ユア博士による自動化工場に対する２つの描写を紹介します（左ページ参照）。

第１の描写では労働者が主体的に描かれ、大規模な機械の使用に当てはまりますが、第２の描写では自動装置の主体性が強調され、大規模な機械の資本主義的使用を表わしていると、マルクスは指摘しました。

人間の労働過程では機械は労働手段のひとつですが、資本主義社会では立場が逆転し、資本家が所有する機械を動かすために、労働者が雇用されるのです。

また、マニュファクチュア的分業との違いとして、機械化工場では労働者たちは機械が行なう作業の助手で、機械が配置され、労働者も配分されています。

何人もの労働者が同じ機械を使って働くという、機械性工業においての単純分業が行なわれているのです。

労働者はまず主要労働者と少数の助手（道具機について働いている労働者）と、その機械労働者の下働き（ほとんどの場合、児童）という区分がされます。

さらに技師、機械専門工、指物職のような機械設備全体の管理とその修理に従事している少数の労働者に分けられ、彼らが機械を動かしていると述べられています。

第13章「機械装置と大工業」③

◉ユア博士の自動化工場に対する2つの描写

アンドルー・ユア博士をマルクスは「自動化工場のピンダロス」と名づけた。ピンダロスとはギリシアの叙情詩人。

・第1の描写

「1つの中心力（原動力）によって間断なく作動させられる1つの生産的機械体系を熟練と勤勉をもって担当する、成年、未成年のさまざまな等級の労働者の協業」

労働者が主体的に描かれ、大規模な機械の使用に当てはまる

・第2の描写

「1つの同じ対象を生産するために絶えず協調して働く無数の機械的器官および自己意識のある器官—その結果、これらすべての器官に自己制御的な1つの動力に従属する—から構成されている1つの巨大な自動装置」

自動装置の主体性が強調され、
大規模な機械の資本主義的使用を表わしている

◉労働者の区分

・主要労働者

道具機について働いている労働者

・助　手

機械労働者の下働き（ほとんどの場合、児童）

・機械を動かしている少数の労働者

技師、機械専門工、指物職のような機械設備全体の管理とその修理に従事している労働者

資本論
Das Kapital

第13章「機械装置と大工業」④

機械に対する労働者たちの粗暴な反逆

第５節「労働者と機械との闘争」では、まず、資本家と労働者との闘争は、機械の導入以後に大きな変化が起こったことを指摘します。

資本とともに闘争が起こり、マニュファクチュア時代に多くの動きが出ましたが、その後、機械という労働手段に反対して、労働者は「こんな経営には納得できない」として、立ち上がったのでした。

それは機械が導入されることにより、労働者に大きな影響を及ぼしたからです。機械によって労働者が職を失うという、たいへん大きな問題が起こったのです。

機械経営は、少ない労働力で多量の製品をつくることが特徴なので、その結果、労働市場には失業者があふれることになります。特に高い賃金をもらっていた熟練工は、労働力の価値を失い、生産から追い出されます。労働者の間には「慢性的窮乏」がはびこるのです。

また、大工業での機械の改良などが、労働者の一部を工場から追い出すことになりました。イギリスの紡績業では１８６０年代にこのようなことがよく起こっています。

機械と労働者の「完全な対立」は、「機械破壊運動」を引き起こし、初めて、労働手段に対する労働者の粗暴な反逆がなされたのです。

しかし、機械を破壊しても元の手工業には戻るはずもなく、やがて労働者たちは、問題は機械という存在ではなく、機械の所有者である資本家の搾取形態＝社会的利用形態であることに気づくのでした。

第13章「機械装置と大工業」④

★この節のPOINT

機械の導入とともに失業者が増え、資本家と労働者の闘争が激化し、機械破壊運動を引き起こした

● 社会的利用形態とは

資本家が機械を導入して機械経営をする

▽

機械経営は、少ない労働力で多量の製品をつくることなので、失業者があふれる

▽

労働者の間には「慢性的窮乏」がはびこる

▽

労働者は「こんな経営には納得できない」として機械破壊運動を引き起こし、初めての労働手段に対する粗暴な反逆が行なわれる

▽

しかし、元の手工業には戻るはずもなく、やがて労働者たちは、問題は**資本家の搾取形態＝社会的利用形態**であることに気づく

失業者は再就職できるかを考察する

第6節「機械によって駆逐された労働者にかんする補償説」では、機械の出現で職を失った労働者は、ほかの分野で職が見つけられるのかという問題を取り上げます。

ブルジョア経済学者たちは、いくつもの「補償説」を主張しました（左ページ参照）。マルクスは次のようにこれらの主張のひとつひとつを論破し、厳しい批判を加えます。

①機械によって駆逐された労働者たちは、作業場から労働市場に投げ出され、そこですでに資本主義的搾取のために自由に利用されうる状態にある労働力の数を増加させる。ここでは労働階級のための補償だといわれる機械の作用が、労働者にとっては最も恐ろしい鞭《むち》として働くようになる。

②この労働者がほかの何らかの産業部門で職を求めることはできるが、投資口を求める新しい追加的資本を媒介にして行なわれるのであって、機械の導入で駆逐したことの補償ではない。

③彼らの持っていた技能は分業によって価値を失い、低級な賃金の低い労働部門でしか働き口を見出せない。

④各産業部門の間では人の流れがあるが、機械によって駆逐された労働者は人の流れのなかで大部分が零落して滅びてしまう。

それでも産業部門での機械化がほかの分野での雇用を増やすことは認め、雇用の拡大が起こる場合を紹介し、資本家の富の増大によって非生産的な仕事に従事する「召使い階級」が増えることを数字で示したのでした（左ページ）。

第13章「機械装置と大工業」⑤

● ブルジョア経済学者たちの主張

・機械が労働者を駆逐したとき労働者の減少にともなって可変資本が遊離する。この遊離した資本で同じ数の労働者を雇用できる
・ある産業に機械を導入した場合、その産業の労働者は減っても、機械をつくる産業での雇用が増える
・労働者の雇用が減ると、その分の生活手段が遊離するから、その遊離した分が資本に転化して雇用を拡大する　など

● 雇用の拡大が起こるケース

・機械経営が拡大することにともなって、原料などの生活手段を供給する部門が生産を拡大することとなり、その部門の雇用が拡大
・中間製品を生産する部門に機械が導入されると、その製品の加工部門での雇用が拡大
・機械化によって資本家が裕福になるとぜいたく品を求めるようになり、そのぜいたく品を生産する部門の雇用が拡大

・運河やドック、トンネル、橋などといった長期的な投資を必要とする産業や、ガス製造、電信、写真、海運、鉄道などの新しい部門が発展することによって雇用が拡大

● 雇用の実態（1861年イギリスの人口調査から）

イングランドとウェールズの総人口約2006万人中、就業可能な男女約800万人の主だった職業と就業人口。

農業労働者	109万8261人
すべての繊維工場の労働者	64万2607人
炭鉱、金属鉱山の労働者	56万5835人
全金属工場・金属加工業の労働者	39万6998人
召し使い階級	120万8648人

第13章「機械装置と大工業」⑥

産業循環から雇用問題を長期的に検討する

第7節「機械経営の発達にともなう労働者の反撥と牽引。綿業恐慌」では、冒頭で機械は採用期と発展期には恐怖をもたらすが、過渡期をすぎれば最終的には駆逐した以上の労働者を雇い入れる、という説を取り上げています。機械経営へ切り換えてすぐは労働者は減少するが、生産量が増大し工場の規模が拡大すると、機械導入以前より労働者数は増大するということです。

次に世界市場での関係について、ある分野の機械経営が国内市場を制覇し、外国市場、外国の植民にまで広がっていくことについて触れます。これは資本主義的な生産様式が世界的な発展をする過程を表わした最初の記述です。

過渡期さえすぎれば、機械経営の雇用問題は解決されるというブルジョア的弁護論に対し、「産業は、中位の活気、繁栄、過剰生産、恐慌、停滞という一系列に転化する」という産業循環を示して、雇用問題を長期的に検討します。この産業循環が労働者の就業や生活に「不確実性と不安定性」を与えるものの実態です。

この裏づけとして、１７７０～１８６３年のイギリスの綿工業について順を追って振り返ります。それによると１７７０～１８１５年には恐慌と沈滞は5年で、これはイギリス綿工業が世界独占の時代です。15～63年の第2期は不況と沈滞が28年、回復と好況は20年で、この時期はヨーロッパとアメリカとの競争が始まっています。33年以降はアジア市場への拡大が強行され、46―63年は中位の活気と繁栄8年、不況と沈滞9年であるとしています。

第13章「機械装置と大工業」⑥

★この節のPOINT

産業循環とは中位の活気→繁栄→過剰生産→恐慌→停滞が順次起こることである

●雇用問題の長期的検討

①工場労働者が増加するのは、総資本が急速に増大するときで、恐慌から抜け出して過熱するときである。

②その時期の拡張が量的な拡張である場合は、過去に駆逐された労働者だけでなく新たな雇用も生むが、技術的な進歩によって絶えず中断される。

③繁栄期以外は資本家の間に市場における個人的分け前をめぐる闘争が起き、資本家たちは新しい機械と生産方法を使用して、商品を安くしようとする時期が現われる。

④恐慌の時期に労働者の失業と窮乏が極端な形となる。

⑤このような産業循環の中で労働者は不断に反発されたり牽引されたり、あちこちにやられ、徴募される者の性、年齢、および熟練差は絶えず変動する。

マルクスはこう考える

「機械装置の新たな採用が、そのまず第一に競争相手とする伝来の手工業および工場手工業における労働者に、厄病的な作用を及ぼすということは、分別ある経済学者代表の等しく認めるところである」

大工業に転化した近代的マニュファクチュア

第8節「大工業による工場手工業、手工業、家内労働の革命」では、機械性大工業と、マニュファクチュア、手工業、家内労働との関係が示されます。

機械が登場したことでマニュファクチュアが追いやられましたが、すべての部門が同じように変化したのではありません。

資本がマニュファクチュアや家内労働を自分の支配下において再編成することもあり、この資本の支配下に置かれたものを**「近代的マニュファクチュア」「近代的家内労働」**と呼び、大工業の制覇の過程で生まれる**「過渡的諸形態」**としていますが、ここでは残虐な搾取が行なわれました。

「安くて未成熟な諸労働力の搾取は、近代的マニュファクチュアでは本来の工場におけるよりもいっそう恥知らずとなる」と、マルクスは表現しています。しかし、労働コストを引き下げるためのこの方法にも限度があり、やがて大工業に急速に転化します。

服飾産業を例にすると、ミシンの導入で男性労働者が駆逐され、女工が取って代わり、またミシン所有者が仕事をしていましたが、ミシンが安くなって、大規模なミシン所有者が出現し、マニュファクチュアや家内労働が主だった服飾産業は、工場経営へと切り替わっていったのでした。

この急速な転化は、工場法による適用範囲をマニュファクチュアや家内工業にまで拡大したことが要因でした。

第13章「機械装置と大工業」⑦

● 転化の流れ

機械導入による大工業の登場

▼

多くのマニュファクチュアや手工業、
家内労働が大工業に追いやられるが
そのまま残ったものもあった

▼

資本がこれらのマニュファクチュアや家内労働を
自分の支配下において再編成

▼

「近代的マニュファクチュア」「近代的家内労働」と呼ばれた

▼

資本による残虐な搾取が行なわれる

▼

**労働コストを引き下げるのにも限度があり
やがて大工業に急速に転化**

教育制度の義務化を評価する

第9節は「工場立法（保健・教育条項）。イギリスにおけるその一般化」と題され、工場立法の中の「保健条項」と「教育条項」の解説を行なっています。

「保健条項」は、労働者の災害の防止や健康のための環境についての条項ですが、きわめて貧弱なもので、そこには利潤第一主義があることを告発します。

「教育条項」については、児童労働者に初等教育を受けさせ、工場主にその義務を負わせることが工場立法で制定されたことを評価しています。

その後は、未来社会の教育の考察をします。イギリスの社会主義者ロバート・オーエンの未来社会の教育論を取り上げています。

工場制度から未来の教育が芽生え、社会的生産を増大させる方法としてだけでなく、全面的に発達した人間をつくるための方法として、一定の年齢以上のすべての児童に対して、生産的労働を知育、体育と結びつけるものとして、教育の保障を義務化したことを評価したのです。

また、大工業による家族関係の解体という社会問題について述べています。児童を工場に働きに出すのは、親の権利の乱用で、これが家父長制度の解体ではないかとしたのです。

しかし、家族形態は歴史的に変化するもので、それがオリエント式形態—古代ローマ的、あるいは古代ギリシア的形態—キリスト教的ゲルマン的形態というように、歴史的発展系列をなしていることを示しました。

第13章「機械装置と大工業」⑧

● 保健条項について

「資本主義的生産様式にたいしては、もっとも簡単な清潔・保健設備でさえも、国家の強制法律によって命ぜられねばならないということ、これ以上にこの生産様式をよく特徴づけうるものがほかにあるだろうか」

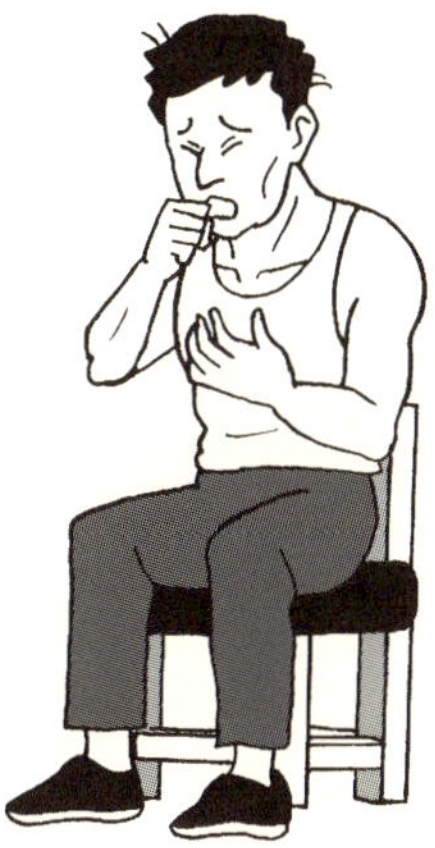

● 教育条項について

「工場法の教育条項は、大体において貧弱に見えるが、それは初等教育を労働の強制的条件として宣言した。その成果は初めて、教育および体育と筋肉労働との、したがってまた、筋肉労働と教育および体育との結合の可能性を証明した」

ロバート・オーエンとは

イギリスの社会改革家。人間は環境によって変えられる、とする環境決定論を主張した。低所得の労働者階層の実情を目の当たりにし、幼少の子どもの工場労働をやめさせ、性格改良のための幼児の学校を工場に併設し、性格形成学院と名づけた。

著書に、『ロバート・オーエン自伝』『新社会観』がある。

資本論
Das Kapital

大工業が農業に与える影響とは

第13章の最後、第10節「大工業と農業」では、大工業が農業に与える影響について考察されています。

大工業が農業の技術的基盤をどのように変革し、どのような条件で社会改革を行なうかという問題を取り上げます。

農業での機械の使用は、工場労働者に与えるような肉体的な損害をもたらすおそれはほとんどありませんが、農業では労働者の「過剰化」にいっそう強く作用し、また反撃を受けることなく作用します。

農業機械は生産者により大きな地面の耕作を可能にしますが、現実に雇っていた労働者を追い出したわけではないのです。

また、大工業は古い社会の「農民」を滅ぼして賃金労働者に変えることに、最も革命的に作用します。

こうして、農村の社会的変革要求（必要性）と対立（階級闘争）は、都市のものと同等（均等化）にされるのです。

また、農業経営は近代化されますが、その資本主義的生産様式は、原始的な家族関係を引き裂くとしています。

資本主義的生産は、都市人口がますます増えるにつれ、一方では社会の歴史的動力を集積しますが、他方では人間と土地とのあいだの物質代謝を攪乱《かくらん》することを指摘しています。

それはまた同時に、都市労働者の肉体的健康をも、農村労働者の精神生活をも破壊すると述べられています。

第13章「機械装置と大工業」⑨

●大工業が農業に与える影響

・農業での機械の使用は、工場労働者に与えるような肉体的な損害をもたらすおそれはほとんどないが、労働者の「過剰化」にいっそう強く作用する。

・農業機械は生産者により大きな地面の耕作を可能にするが、現実に雇っていた労働者を追い出したわけではない。

・大工業は古い社会の「農民」を滅ぼして賃金労働者に変える。

・機械の導入で農業経営は近代化されるが、その資本主義的生産様式は、原始的な家族関係を引き裂く。

マルクスはこう考える

「人間が食料と衣料の形態で消費する土壌成分の土地への復帰を、したがって永続的土地豊土の永久的自然条件を攪乱する」

Column

カール・マルクス伝説５

生涯の友エンゲルスとの出会い

カール・マルクスの思想・理論・学説をもって「マルクス主義」だと解釈する人が多いと思いますが、正しくは「マルクス･エンゲルス主義」と言ってもよいくらい、その理論から運動、生活にいたるまで2人は一体だったのでした。

エンゲルスはライン州バルメン（現ブッパータール）の裕福な紡績工場の息子として生まれました。マルクスがベルリンを去った半年後、1年志願兵としてベルリン砲兵隊に入隊したエンゲルスは、ベルリン大学へも聴講に行っていたといいます。

除隊後の1842年、エンゲルスはマンチェスターにある父の経営する紡績会社で働くためイギリスへ渡る途中、ケルンの『ライン新聞』に立ち寄り、これがマルクスとの運命的な出会いとなったのです。

しかしこのとき、ベルリンの自由人とマルクスの間は険悪になっていました。エンゲルスは自由人派に属していたため、最初の出会いは極めて冷たいものでした。2年後パリで再会した2人は初めて意見の一致をみて、生涯にわたる親交が始まったのでした。

第5篇

絶対的剰余価値と相対的剰余価値の生産

多くの人間による共同の労働とは

第14章では、はじめに生産的労働とは何かを問うています。

第3篇第5章の「労働過程」では、人間が自然に働きかけて生産物をつくりだす労働が生産的労働ということでした。

ここでは人間が個人的に自然に働きかけるのではなく、多くの人間が共同で労働して、生産物を生み出す生産的労働を取り上げます。この場合の主体は参加した労働者全員＝「**全体労働者**」となり、生産物は「**社会的生産物**」となります。

また、資本の立場から見ると生産的労働というのは、労働者が生産を行なうだけでなく、剰余価値を生み出すことだと述べています。

ここで労働日を延長して得られる「**絶対的剰余価値**」と、労働強化によって生まれる「**相対的剰余価値**」の問題を提起します。

マルクスは、絶対的剰余価値の生産は、旧来の生産様式によっても生まれ、資本は労働過程を形式上従属させているだけの「**形式的包摂**」だと指摘しました。

そして機械の導入によって生産過程全部が完全に資本に従属したことを「**実質的包摂**」と呼びました。包摂とはある概念が、より一般的な概念に包みこまれることです。

さらに「相対的剰余価値の生産のための方法は、絶対的剰余価値の生産の方法でもある」とするとともに、生産力が発展して剰余価値が増えるという効果は、決して永続的ではないと分析します。

第14章「絶対的剰余価値と相対的剰余価値」

★この章のPOINT

多くの人間が共同で労働して、生産物を生み出す生産的労働では、主体は参加した労働者全員である「全体労働者」となり、生産物は「社会的生産物」となる

●労働の形式的包摂

絶対的剰余価値の生産は、旧来の生産様式によっても生まれ、資本は労働過程を形式上従属させているだけであるということ

●労働の実質的包摂

機械の導入によって生産過程全部が完全に資本に従属したこと

マルクスはこう考える

「相対的剰余価値の生産は、特殊資本主義的様式を前提とし、この生産様式は、その方法、手段、条件そのものとともに、最初は資本のもとへの労働の形式的包摂の基礎の上に、自然発生的に発生して、次第に育成される。資本のもとへの労働の形式的包摂に代わって、実質的包摂が現われる」

第15章「労働力の価格と剰余価値との量的変動」①

労働の大きさ、労働の生産力、労働の強度

第15章は労賃と剰余価値の量的変動の関係を考察します。剰余価値の大きさは、労働日の大きさ、労働の生産力、労働の強度という3つの要因で決まります。これらについて4つの節で解説しています。

第1節「労働日の大いさと労働の強度とが不変で（与えられていて）、労働の生産力が可変であるばあい」では、生産力が高まった結果、労働力の価値が4シリングから3シリングに下がった場合を取り上げます。労働の生産力が上がると労働力の価値が下がり、剰余価値は労働の生産力が上がることによってしか増えないということを明らかにしています。

第2節「労働日と労働の生産力とが不変で、労働の強度が可変であるばあい」では、労働の強度が上がり同一時間内の生産物が増大するのは、生産力が高くなる場合と同じですが、この場合は個々の生産物の価値は変わらず、同一時間内に生産される価値の量が大きくなります。

必要労働時間が短縮されるのは、同じ労働時間が「強度の大きい労働時間」となり、剰余価値は相乗的に増大します。労働の強化の効果は、その方法が一般化されると消滅します。

第3節「労働の生産力と強度が不変で、労働日が可変であるばあい」では、労働日が縮小する場合には剰余価値も減り、労働日が増える場合には剰余価値も増えることが示されます。

労働日は延長されることがありますが、労働力の価値が同じでも、延長によって消耗度が出て、労働力の価値は事実上減ることになります。

第15章「労働力の価格と剰余価値との量的変動」①

● 第1節「労働日の大いさと労働の強度とが不変で（与えられていて）、労働の生産力が可変であるばあい」

労働の生産力が上がると労働力の価値が下がり、剰余価値は労働の生産力が上がることによってしか増えない。

● 第2節「労働日と労働の生産力とが不変で、労働の強度が可変であるばあい」

労働の強度が上がり同一時間内の生産物が増大するのは、生産力が高くなる場合と同じだが、この場合は個々の生産物の価値は変わらず、同一時間内に生産される価値の量が大きくなる。

● 第3節「労働の生産力と強度が不変で、労働日が可変であるばあい」

労働日が縮小する場合には剰余価値も減り、労働日が増える場合には剰余価値も増える。労働日が延長される場合、労働力の価値は同じだが、延長によって消耗度が出るので、事実上労働力の価値は減ることになる。

労働の強度と労働日、労働の生産力の関係

第4節「労働の持続、生産力、強度が、同時に変動するばあい」では、2つのケースについて考察しています。

まず、労働力の価値を決める生産力が低下する場合です。それにともなって必要労働時間が長くなり、剰余価値は減少しますが、労働日が延長される場合には、剰余価値の絶対的大きさは変わらないとしています。労働日の延長の程度によっては、剰余価値の絶対的大きさも、その大きさの比率も、両方とも増大します。

もう1つは、労働の強度と生産力が増加し、労働日が短縮される場合です。期間内に得られる生産物の総量を増加させるとともに、労働力の価値は下がります。

この労働日の短縮の限度は、必要労働時間部分がどこまで短くなるかによって決まり、労働日全体が必要労働時間だけになれば、剰余労働は消滅しますが、それは資本の支配体制のもとでは不可能であるとしています。

また、資本主義的生産様式が浪費的であることに言及し、労働の節約によっても労働の生産性を増大させることができると指摘し、この面から資本主義を批判します。

最後にマルクスは「**労働日短縮にたいする絶対的限界は、この方面から見れば、労働の普遍性である。資本主義社会においては、一階級にとっての自由な時間は、大衆の全生活時間を労働時間に転化させることによって生み出されるのである**」として、労働者の人間としての存在と活動のために、労働日の短縮を望んだのでした。

第15章「労働力の価格と剰余価値との量的変動」②

●生産力が低下する場合

・生産力の低下にともなって、必要労働時間が長くなり、剰余価値は減少。
・労働日が延長される場合には、剰余価値の絶対的大きさは変わらない。
・労働日の延長の程度によっては、剰余価値の絶対的大きさとその大きさの比率も増大。

●労働の強度と生産力が増加し、労働日が短縮される場合

・期間内に得られる生産物の総量を増加させるとともに、労働力の価値は下がる。
・労働日の短縮の限度は、必要労働時間部分がどこまで短くなるかによって決まる。
・労働日全体が必要労働時間だけになれば、剰余労働は消滅。

マルクスはこう考える

「全労働日がそこまで収縮すれば、剰余労働は消滅するであろうが、それは資本の支配下では不可能である。資本主義的生産形態の廃止は、労働日を必要労働だけに限定することを許す」

資本論

Das Kapital

第16章「剰余価値率の種々の表式」

資本家の搾取度を表わす3つの定式

この章でマルクスは、剰余価値率について正しく理解してもらおうと、3つの定式を使って解説していきます。

第1の定式（左ページ参照）は剰余価値率です。これについては84ページの第3篇第7章でくわしく紹介しましたが、ここから労働の搾取度がわかります。

すでにイギリスなどの古典派経済学者によって「利潤率」「利子率」という言い方で発見されていたのですが、古典派経済学の人々は、この比率を導き出す分母となっている可変資本部分が、「労働の価格」ではなく「労働力の価格」へ前貸しされた部分であるということには至りませんでした。

第2の定式（左ページ）は、古典派経済学者アダム・スミスやデヴィッド・リカードなどが考えた定式です。

ここでは労働力の搾取が剰余価値の源泉であることを隠しています。これは労働日またはその価値生産物が、資本家と労働者とのあいだに分割される比率を表現しているのであって、現実の搾取度を表わさない「偽りの外観」でおきかえていると、批判します。

第3の定式（左ページ）は、もっと明確に搾取関係を表わしたものです。資本の自己増殖についての秘密は、資本が労働者の一定分量の不払労働を自由にしているということだと訴えます。剰余労働の期間では、労働力の使用と収益は、資本家のために価値を形成し、資本家はそれを無償で手に入れると述べています。

第16章「剰余価値率の種々の表式」

●第1の定式

$$\frac{\text{剰余価値m}}{\text{可変資本v}} = \frac{\text{剰余価値}}{\text{労働力の価値}} = \frac{\text{剰余労働}}{\text{必要労働}}$$

●第2の定式

$$\frac{\text{剰余労働}}{\text{労働日}} = \frac{\text{剰余価値}}{\text{生産物の価値}} = \frac{\text{剰余生産物}}{\text{総生産物}}$$

●第3の定式

$$\frac{\text{剰余価値}}{\text{労働力の価値}} = \frac{\text{剰余労働}}{\text{必要労働}} = \frac{\text{不払労働}}{\text{支払労働}}$$

●古典派経済学者

アダム・スミス

「経済学の父」と呼ばれるイギリスの経済学者・哲学者。主著『国富論』で近代経済学の基礎を確立、労働を富の源泉として労働価値説の基礎を築き、リカードやマルクスに支持された。

デヴィッド・リカード

自由貿易を擁護する理論を唱えたイギリスの経済学者。各国が比較優位に立つ産品を重点的に輸出することで経済厚生は高まるとする「比較生産費説」を主張し、労働価値説の立場に立った。

Column

カール・マルクス伝説6

『資本論』完成のとき

『資本論』第１巻がマルクスの手によってハンブルクのオットー・マイスネル書店に持ち込まれたことを知ったエンゲルスは、手紙にこう書いたといいます。

「万歳！　僕はこう叫ばずにはおれなかった。第1巻ができあがったので、これをもってハンブルクに行くという、白い紙の上にはっきり書かれた君の手紙を、ついに読んだものだから。生命の核が枯れないために、2ポンド半の紙幣7枚を同封する…」

　マルクスも感謝とお詫びの手紙を送っています。

「君がいなかったら、僕はこの仕事を仕上げることはできなかったであろう。断言するが、次のことが、いつも僕の良心に妖魔のごとくのしかかって、重荷となっているのだ。君が、君のすばらしい力を、主として僕のために、商売で使いつくして、さびつかせてしまったことが。そのうえ、僕のちょっとした不幸でも、みんな僕とともにしなければならなかったということが。僕は、ただもう君に感謝する。第1巻を仕上げることができたということを！　僕のための君の献身がなかったら、僕はこの途方もない仕事を、3巻にまとめることはできなかった。感謝に満ちて、僕は君を抱きしめる！」と。

労働賃金

第6篇

資本論

Das Kapital

第17章「労働力の価値または価格の労賃への転化」

労働力の価値はどうやって決まるのか

ここでは搾取される労働の価値について考察します。商品の価値の大きさは、商品に含まれる労働の大きさによって計りますが、労働の価値は何によって決まるのでしょうか。

これまでのところで、労働の価値というのは、実際には労働力の価値であり、労働力の価値は労働者が生きていくのに必要な生活手段で決まることを学んできました。

労働力は労働者という人間のなかに実存するのであるとして、機械とその機能が違うように、労働力と労働者の機能である労働とは違うとマルクスはいいます。

また、労賃は労働者が生産した価値の一部で、支払い労働と不払労働が生まれることで、資本主義的搾取が成立するのです。

商品交換は等価交換ですが、労働日に12時間働くと、労働力の価値は、必要労働と剰余労働に分けられ、労賃は6時間分しか支払われていないことになります。

労働力の価格が労働の生産物の価格より小さくなり、剰余労働で生み出された剰余価値分が搾取されるのです。

これに対し古典派経済学では、労賃は労働の全体に対して支払う「労働の価格」であるということが建前になり、搾取の本質を隠してしまうのです。12時間の労働力の価値は3シリングであり、労働によって生産される価値が6シリングのとき、こうして、6シリングの価値をつくりだす労働が、3シリングの価値を持つしかないという、一見ばかげた結論になるのです。

第17章「労働力の価値または価格の労賃への転化」

★この章のPOINT

労働の価値とは労働力の価値のことで、労賃は労働者が生産した価値の一部である

◉労働の価値

12時間の労働力の価値は3シリング
労働によって生産される価値が6シリングのとき

6シリングの価値をつくりだす労働が3シリングの価値を持つ

マルクスはこう考える

「政治経済学者が労働の価値と呼ぶものは、実は労働力の価値なのであって、この労働力なるものは、労働者の一身のうちに存在するものであり、それがその機能である労働とは別ものであることは、機械がその作用とは別ものであるのと同様である」

資本論

Das Kapital

第18章「時間賃金」

労働力を時間に対応させる方法

18章と19章では労働賃金が支払われる形態を研究しています。18章では労働時間に応じて支払われる「時間賃金」について考察します。

労働力が販売されるのに、最も一般的な基準となる時間に対応させる形態です。マルクスは時間賃金を**「労働力の日価値、週価値などを直接に転化する形態」**としています。

労働の平均的価格はどうやって決まるかというと、労働力の平均的日価値を平均的労働日の時間数で割ることによって得られます。

たとえば労働力の日価値が6労働時間の価値生産物である3シリングであり、労働日が12時間であるとすれば、1労働時間の価格は、3シリング／12＝3ペンスです。この1労働時間の価格が、労働の価格の尺度単位として用いられます。

普通の1労働日が10時間で、労働力の日価値が3シリングであったとすると、1労働時間の価格は3と3／5ペンスです。

1労働日が12時間に延長されると、1労働時間の価格は3ペンスに低落し、15時間に延長されると、2と2／5ペンスにさらに下がってしまいます。それでも日賃金、週賃金は変わりません。

逆に、仕事が増えたために、労働の価格が不変、または下落しても日賃金や週賃金が高くなる場合があります。1労働時間の価格が3と3／5ペンスで12時間労働するならば、彼の日賃金は、労働の価格の変動をともなわずに、3シリング7と1／5ペンスになります。

第18章「時間賃金」

★この章のPOINT

時間賃金とは労働力が販売されるのに最も一般的な基準となる時間に対応させる形態。労働の平均的価格は労働力の平均的日価値を平均的労働日の時間数で割って求める

●1労働時間の価格（1シリング＝12ペンス）

・労働力の日価値が6労働時間の価値生産物である3シリングであり、労働日が12時間のとき

$$\frac{3\text{シリング}}{12} = 3\text{ペンス}$$

・普通の1労働日が10時間で、労働力の日価値が3シリングのとき1労働時間の価格は

$$\frac{3\text{シリング}}{10} = 3\frac{3}{5}\text{ペンス}$$

・1労働日が12時間に延長されると、1労働時間の価格は3ペンスに低落
15時間に延長されると

$$\frac{3\text{シリング}}{15} = 2\frac{2}{5}\text{ペンス}$$

↓

日賃金、週賃金は変わらない

・労働の価格が不変であるか、または下落しても日賃金や週賃金が高くなる場合
1労働日が10時間で、1労働時間の価格が$3\frac{3}{5}$ペンスのとき12時間労働した場合

日賃金は　3シリング $7\frac{1}{5}$ペンス

資本論

Das Kapital

第19章「出来高賃金」

労働者による労働者の搾取を生む

賃金が支払われるもう1つの形態は「出来高賃金」です。マルクスは、出来高賃金を時間賃金の転化形態だとしています。

普通の労働日が12時間であり、そのうち6時間が支払われ、6時間は不払いであるとき、その価値生産物は6シリングであり、それゆえ1労働時間の価値生産物は6ペンスであるとします。

平均程度労働者が24個の製品を12時間でつくる場合、24個の価値は、不変資本部分を差し引けば、6シリングであり、各1個の価値は3ペンスです。労働者は、1個につき1と1／2ペンスを受け取り、12時間では3シリングをかせぐことになります。

ここでは労働者によって支出された労働を、彼によって生産された個数によって計ります。出来高賃金では、労働が一定の持続時間中の生産物量によって計られるのです。

出来高賃金の特徴は、労働の質が製品の出来に規制されるという点です。資本家たちに、労働の強度を計る尺度を与えることになります。もしある労働者が平均的な作業能力をもたず、最小限の日仕事をできないならば、その労働者は解雇されるのです。

出来高制度は等級的に編制された搾取で抑圧の制度の基礎ともなります。資本家と賃労働者とのあいだの介在者「下請け制度」、工場内における「班長労働者」とその下の「補助労働者」という形で、労働者による労働者の搾取を生んでしまうのです。

第19章「出来高賃金」

★この章のPOINT

出来高賃金とは、労働が一定の持続時間中の生産物量によって計られるので、マルクスは時間賃金の転化形態だとした

●出来高賃金

労働日が12時間であり、そのうち6時間が支払われ、6時間は不払いとする。その価値生産物は6シリングで、1労働時間の価値生産物は6ペンスであるとき

・平均程度労働者が24個の製品を12時間でつくる場合

24個の価値は不変資本部分を差し引いた6シリングで、
各1個の価値は3ペンス

▽

・労働者は、1個につき $1\frac{1}{2}$ ペンス を受け取り

12時間では3シリングをかせぐ

▽

ある労働者が平均的な作業能力をもたず、
最小限の日仕事をできない場合

▽

その労働者は解雇

資本論

Das Kapital

第20章「労働賃金の国民的差異」

労働賃金の国際的な比較

この章では、労働賃金を国際的に比較する場合の問題を取り上げています。

国によって標準となる労働の強度や生産性が違うため、同じ時間内で生産される商品の量も違います。世界市場における価値法則が国内での働き方とはまた別の独自の働き方をすることを考慮しなければならないのです。

資本主義的生産様式の発展している国と、発展が遅れている国では、発展している国のほうが強度と生産性が高く、貨幣に換算したときの賃金が高くなります。

そして、発展した国の貨幣価値は、発展が遅れている国の貨幣価値より低く、物価は高くなります。名目賃金が高いからといって実質賃金も高いとは言いきれません。

賃金が低く労働時間がはるかに長い発展の遅れている国のほうが、生産物当たりの労働コストが高いことを、マルクスは実証しています。

ある国とある国との労働生産性の違いは、**「より生産的な国民が競争によってその商品の販売価格をその価値にまで引き下げることを余儀なくされない限り」**、労働強度の違いとして計算されることになります。

アメリカの経済学者ヘンリー・ケアリは、この現象を見て、国内における労賃の法則的傾向として結論づけましたが、マルクスは結論を裏づけるような事実だけを取り上げ、結論と反するような事実に対しては結論と矛盾するような例外を設けていることを、誤った国際労賃論だとして批判しています。

第20章「労働賃金の国民的差異」

★この章のPOINT

世界市場における価値法則は、国によって標準となる労働の強度や生産性が違う

● 発展した国と、発展が遅れている国の比較

- 発展している国のほうが強度と生産性が高く、貨幣に換算したときの賃金が高い。
- 発展した国の貨幣価値は、発展が遅れている国の貨幣価値より低く、物価は高くなる。名目賃金が高いからといって実質賃金も高いとは限らない。
- 賃金が低く労働時間がはるかに長い発展の遅れている国のほうが、生産物当たりの労働コストが高い。

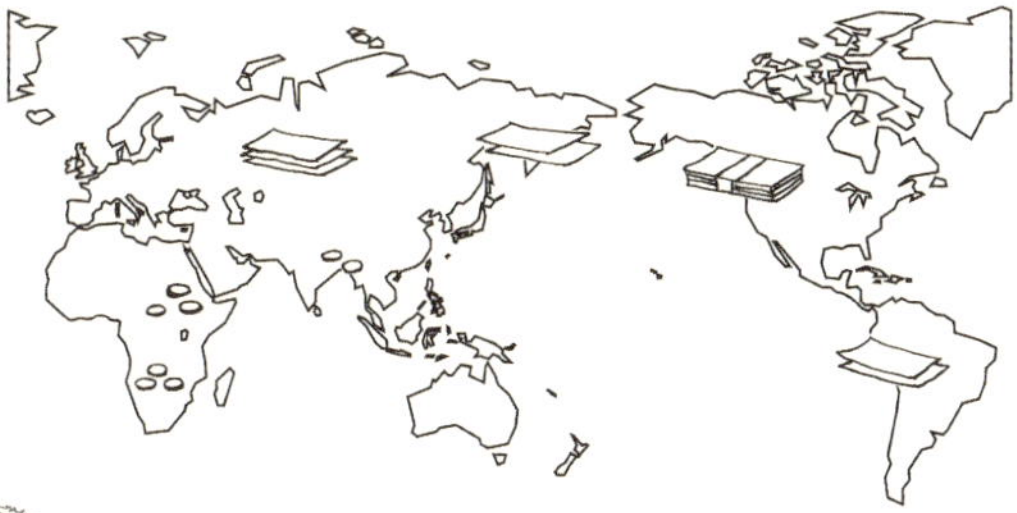

マルクスはこう考える

「強度のより大きい国民的労働は、強度のより小さいそれに比すれば、同じ時間により多くの価値を生産し、この価値はより多くの貨幣で表現される」

Column

カール・マルクス伝説7

●いっさいの臆病は死ぬがよい

1859年に刊行された『経済学批判』は、マルクスが独自の経済理論体系について執筆した膨大な草稿『経済学批判要綱』にもとづいて、その第1分冊として出版されました。

資本主義の構造を分析し、商品の二面性、労働の二重性、貨幣の本質や諸機能などが明らかにされ、価値や貨幣に関する諸理論の検討が行なわれています。

その後、第2分冊以降に予定されていた「資本」に関する章の出版計画は変更され、『経済学批判』の内容も含めて、『資本論』へと再構成されることになったのです。いわば『資本論』は『経済学批判』の続きなのです。

この『経済学批判』の「序言」でマルクスは、経済学のプランを示しています。また、自身の経済学研究の歩みと、「導きの糸」としての唯物史観の簡潔な説明が行なわれていることは有名です。

序言の最後は次の言葉で締めくくられています。

「ここでなんじはいっさいの優柔不断を捨てなければならぬ。

ここでいっさいの臆病は死ぬがよい」

資本の蓄積過程

第7篇

資本論

Das Kapital

第21章「単純再生産」

生産物だけでなく労働者も再生産される

『資本論』第1巻の最後の篇にあたる第7篇は、資本の蓄積についての考察で、たいへん重要な篇になっています。

本来はこの21章の前に、序論的な叙述があります。フランス語版の出版の際には、さらに内容を改善し、「序論」と見出しがあります。

まず、資本の蓄積とはなんでしょう。マルクスは剰余価値を資本として用いること、または剰余価値を資本に再転化することを、資本の蓄積としています。また、剰余価値が資本に次々転化され、生産の規模が拡大していく流れが通常の「**蓄積過程**」です。

資本がその流通過程を正常に通過することを前提として、剰余価値が資本化しないで全部消費され、生産過程が同じ規模、つまり生産が拡大しないで繰り返す蓄積過程が21章で取り上げる「**単純再生産**」です。

資本家が資本を投資せず、自らが消費した場合に起こりますが、労働者から搾取していることには変わりありません。事業を始めるときの資金はもともと資本家が持っていた資金だとしても、それ以降は労働者が生み出したもので、賃金は「前貸し」資本です。

そして、「**労働者の不断の再生産または永久化こそ、資本主義的生産の不可欠の条件である**」と言っているように、労働者も再生産されるのです。労働者は自らの労働力の価値である賃金を生活のために使い、再び労働市場で労働力を売ることで、労働者として再生産されるのです。

第21章「単純再生産」

★この章のPOINT

資本の蓄積とは、剰余価値を資本として用いること、または剰余価値を資本に再転化すること

● 資本の蓄積過程

剰余価値が資本に次々転化され、
生産の規模が拡大していく流れが通常の蓄積過程。

● 単純再生産

資本がその流通過程を正常に通過することを前提として、
剰余価値が資本化しないで全部消費され、生産過程が
同じ規模、つまり生産が拡大しないで繰り返す蓄積過程。

マルクスはこう考える

「資本主義的生産過程は、それ自身の進行によって、労働力と労働条件との分離を再生産する。それはこのようにすることによって、労働者の搾取条件を再生産し、永久化する。それは、労働者には、生きんがために彼の労働力を売ることをたえず強要し、資本家には富むためにこれを買うことをたえず可能にする」

資本論

Das Kapital

第22章「剰余価値の資本への転化」①

追加資本はすべて資本家の合法的所有物

第１節は「拡大された規模における資本主義的生産過程。商品生産の所有法則の資本主義的領有法則への転換」と題され、ずばり**拡大再生産**を取り上げています。

冒頭で「**（第21章では剰余価値が資本から生まれることを考察したが）いまやわれわれは、いかにして剰余価値から資本が生ずるかを考察せねばならない。資本としての剰余価値の充用、または剰余価値の資本への再転化を資本の蓄積という**」と宣言しています。

経済学的な意味での蓄積とは、剰余価値の一部分のみを個人的消費に使い、残りを資本に転化して拡大再生産をはかることを意味します。単純再生産では、資本家によってすべてが消費されていた剰余価値を、あらたな生産手段として労働力に投資します。例えば、最初に投資される総額１万ポンドの資本（資本家が用意したとする）は、可変資本として前貸しされる20%は剰余価値率が１００％と想定されているので、２０００ポンドの剰余価値を生み出します。

この２０００ポンドを追加投資すれば、このうちの20%が労賃として前貸しされることになり、４００ポンドの剰余価値を生み出します。さらにこの４００ポンドが、追加資本として前貸しされれば、80ポンドの新たな剰余価値を生み出す、というように（資本家が消費する剰余価値は考えない）、追加資本はすべて労働者の搾取から生まれます。これらはすべて資本家の合法的所有物となるのです。これが資本主義における拡大再生産の実態です。

第22章「剰余価値の資本への転化」①

★この章のPOINT

資本としての剰余価値の充用、または剰余価値の資本への再転化を資本の蓄積という

● 剰余価値の資本への転化の流れ

資本家が用意したとする総額1万ポンドの資本

▼

可変資本として前貸しされる20%は剰余価値率が
100%と想定されているので、
2000ポンドの剰余価値を生み出す

▼

この2000ポンドを追加投資する

▼

このうちの20%が労賃として前貸しされることになり、
400ポンドの剰余価値を生み出す

▼

さらにこの400ポンドが、追加資本として前貸しされれば、
80ポンドの新たな剰余価値を生み出す

▼

追加資本はすべて労働者の搾取だが、
資本家の合法的所有物となる

古典派経済学者たちへの批判

第2節「拡大された規模における再生産にかんする経済学の謬見」では、剰余価値の蓄積に関する古典派経済学の誤った見解についての批判をしています。

古典派経済学は資本主義が発展した時代の経済学なので、物質的な生産力をより強いものにするという使命を反映し、剰余価値の蓄積を重視していました。

前章で見たように、資本家が剰余価値を自分で消費してしまう単純再生産をしていたら、資本主義的な発展はありません。だから彼らは「資本蓄積を市民的義務である」「収入の全部を食い尽くしてしまっては蓄積はできない」と説きました。

また、資本家自身にサービスを提供する「不生産労働者」ではなく、実際に工場で物を生産する「生産的労働者」をより多く働かせるために、剰余価値を使うべきだと、アダム・スミスやリカードは訴えました。

ここまでは良かったのですが、生産的労働者を働かせるためには、不変資本への投資が必要だという大事なことが抜け落ちていました。

スミスはさらに「個別の資本は不変資本部分と可変資本部分に分かれるとしても、社会的資本は可変資本部分にのみ帰着する」という結論の証明に打ち込みましたが、マルクスはこれを愚かな結論と、批判しています。

また、スミスの商品価格論を「実に荒唐無稽なドグマ」（左ページ）として、誤りを指摘しています。

第22章「剰余価値の資本への転化」②

●古典派経済学者たちの誤り

アダム・スミス
「個別の資本は不変資本部分と可変資本部分に分かれるとしても、社会的資本は可変資本部分にのみ帰着する」

▽

マルクス
「生産的労働者を働かせるためには、不変資本への投資が必要」

▽

これ以上愚かな誤りはない

アダム・スミス
「不変資本部分は可変資本に帰着することから、商品の価格が労賃、利潤（利子）、および地代から、すなわち労賃および剰余価値のみから構成されている」

▽

マルクス
「商品の価値は不変資本部分c＋可変資本部分v＋剰余価値mであるのに、アダム・スミスは実に滑稽なドグマを生み出した」

資本論 Das Kapital

第22章「剰余価値の資本への転化」③

古典的資本家と近代化された資本家

第3節「剰余価値の資本と収入《レヴェニュー》とへの分割。節欲説」では、資本家の問題を取り上げます。

剰余価値のうち、どれだけの部分を資本として「蓄積」し、どれだけの部分を資本家自身の生活手段として消費にまわすかの割合を決めるのは、剰余価値の所有者である資本家です。

剰余価値の分割権は資本家に属していますが、資本主義的生産様式のもとでは、資本家の意志は、「社会的機構の作用」の反映として現われます。マルクスは蓄積の重要性を指摘するとともに、資本家は「生産のための生産」を行動原理として活動するものとしています。

この内在的法則によって高度な社会形態の物質的条件をつくりだし、歴史的な意義を果たすことを強調しています。

マルクスはここで、個人的消費を罪悪と感じる「古典的資本家」と、蓄積と自分の享楽衝動との「2つの魂」の矛盾を実感する「近代化された資本家」を対比します。剰余価値の分割をめぐる「享楽衝動」と「蓄積衝動」とが、資本家のなかでせめぎあって、蓄積は「みずからの享楽衝動の『禁欲』」として感じられるようになる」こと、また、ぜいたくが「富の誇示であると同時に信用の手段」ともなるというステータス維持のための支出が、生活手段の消費として算入されることを述べています。最後にブルジョア経済学者、なかでも資本主義の現状弁護をはかる学者の典型として、シーニョアの「節欲説」を取り上げ（左ページ）、経済学の堕落ぶりを浮き彫りにしました。

第22章「剰余価値の資本への転化」③

●シーニョアの節欲説

資本家が自分の資本を事業に投じるのは、
ぜいたく品やその他の消費手段に使う享楽衝動を断念した
「節欲行為」の結果

「蓄積衝動」を、「享楽衝動の節欲」と
言い換えることで、投資活動の本質から目をそむけ、
資本家の搾取活動を美化する

古典派経済学者はできるだけ多くの剰余価値を生産に投下することを本来の使命としたが、シーニョアはじめブルジョア経済学者は資本家個人のために使うことが自然だとした

マルクスはこう考える

（資本主義の現状弁護をする俗流経済学の典型シーニョアに対して）

「俗流経済学者は、人間のあらゆる行動がその反対の行動にたいする『節欲』と考えられうる、という簡単な反省をしたことはない。食事は断食の抑制、歩行は停立の抑制、労働は怠惰の抑制、怠惰は労働の抑制である、等々。これらの諸君はスピノザの[限定は否定である]について、ちょっと熟考してみるがよいのである」

資本論

Das Kapital

剰余価値は労賃を下げ、残業をさせて増やす

第4節には「資本と収入とへの剰余価値の分割比率から独立して蓄積の大きさを規定する諸事情。労働力の搾取度—労働の生産力—充用される資本と消費される資本との差額の増大—前貸資本の大きさ」というタイトルがつけられています。

つまり、剰余価値が消費に使われるか、投資に使われるかは、剰余価値の大きさによって決まることから、剰余価値率を高めるにはどうするかという問題を取り上げています。

剰余価値率は労働力の搾取度です。労賃は労働力の価値に等しく支払われるものですが、実際には価値以下への強制的な引き下げが行なわれています。この賃金の引き下げが、資本の含蓄に転化されるのです。

また、労働の強度を増すことによっても、蓄積を増大させることができます。

どの産業部門でも、労働手段から成り立つ不変資本部分は、投資の大きさによって規定される一定の労働者数に対して十分なものでなければなりませんが、それは決して就業労働量とつねに同じ比率で増加する必要はないのです。

つまり資本家はもとからいる１００人の労働者を、8時間ではなく12時間労働させることもできるのであり、この場合には既存の労働手段で十分間に合います。こうした追加労働は、それに比例して不変資本部分を高めることなしに、剰余生産物と剰余価値を、すなわち蓄積の実体を増大させることができることを、実例を挙げて述べています。

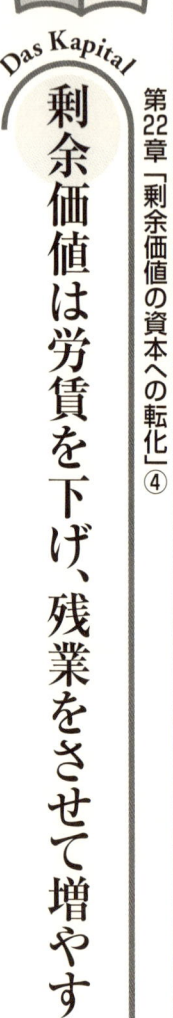

第22章「剰余価値の資本への転化」④

● 剰余価値率を高めるには

・労働力の価値に等しく支払われる労賃を、価値以下へ強制的に引き下げる

・労働の強化

100人の労働者を、8時間ではなく12時間労働させる

マルクスはこう考える

「労働力の搾取度が与えられているばあいには、剰余価値の量は、同時に搾取される労働者の数によって規定され、またこの労働者数は、種々に異なる割合をもってではあるが、資本の大きさに対応する。したがって、資本が継続的蓄積を介して増大すればするほど、消費原本と蓄積原本とに分かれたる価値額もそれだけ多く増加する。……ゆえに資本家は、より贅沢に生活しながら、同時により多く『節欲する』ことができる」

労働基金の意味を取り違えた古典派経済学

第22章の最後は、第5節「いわゆる労働基金」です。ここでは古典派経済学者のとなえた「社会の富のうち、労働者の生活手段に当てられる部分の総量は、一定の量に決まっていて動かすことができない」とする「労働基金論」について考察しています。

この説のとおりだとすると、労働者の労賃や労働条件が劣悪でも、それは変えられないことになります。

資本家にとって都合のよい理論であるだけで、経済学的には何の根拠もないドグマであるとマルクスは批判し、**「資本が固定した大きさのものではなく、社会的富のうちの弾力ある一部分であり、剰余価値が収入と追加資本とへの分割とともに、たえず変動する一部分である」**と述べています。

「労働基金」の制限性についての経済学的解説が、いかにいい加減であるかという典型例としてH・フォーシット教授の著書『イギリスの労働者の経済状態』から引用しています。

それは「一国の流動資本は、その国の労働基金である。それゆえ、それぞれの労働者が受け取る平均的貨幣賃金を計算するためには、われわれはただ簡単に、この資本を労働者人口数で割りさえすればよい」というもので、マルクスは、「固定資本および流動資本」という、資本の流通過程から生じる区分と、資本の生産過程において区分される「不変資本および可変資本」というカテゴリーを混同しているのは、古典派経済学以来の傾向だと指摘しています。

第22章「剰余価値の資本への転化」⑤

● 古典派経済学の労働基金論

「社会の富のうち、労働者の生活手段に当てられる部分の総量は、
一定の量に決まっていて動かすことができない」

マルクスは資本家にとって都合のよい理論で、経済学的には何の根拠もないドグマと批判。「資本が固定的な大きさのものではなく、社会的富のうちの弾力的な一部分であり、剰余価値が収入と追加資本とへの分割とともに、たえず変動する一部分である」

● H.フォーシットの誤り

「一国の流動資本は、その国の労働基金である。それゆえ、それぞれの労働者が受け取る平均的貨幣賃金を計算するためには、われわれはただ簡単に、この資本を労働者人口数で割りさえすればよい」

（『イギリスの労働者の経済状態』より引用）

「固定資本および流動資本」という、資本の流通過程から生じる区分と、資本の生産過程において区分される「不変資本および可変資本」というカテゴリーを混同しているのは、古典派経済学以来の傾向とマルクスは指摘

資本論

Das Kapital

資本の構成の3つの概念

第23章「資本主義的蓄積の一般的法則」第1節「資本組成の不変なばあいにおける蓄積に伴う労働力需要の増加」

機械や原料などの生産手段の価値である不変資本と、労働力である可変資本からなる資本において、この不変資本と可変資本の組み合わせを、**「資本の構成」**といいます。

資本が不変資本と可変資本にどう分割されているかの量的比率で規定されるのが**「資本の価値構成」**です。資本が１００のとき、不変資本に80、可変資本に20投資したときの価値構成は、4対1となります。

生産過程で機能している素材の面から、「充用される生産手段の総量」と「その充用に必要な労働量」との比率によって規定されるのが、**「資本の技術的構成」**です。

資本の価値構成と資本の技術的構成をまとめた概念が**「資本の有機的構成」**で、「資本の技術的構成によって規定され、技術的構成の変化を反映する限りでの資本の価値構成」だとマルクスは規定しています。今後、単に資本の構成という場合には、資本の有機的構成のことです。

「資本の構成が不変な場合」とは、充用される生産手段の総量と、その充用に必要な労働量との比率が、一定であり、そのために、資本が不変資本（生産手段の価値）と、可変資本（労働力の価値、労賃の総額）とに分割される比率が、一定である場合のことです。

資本の構成が不変で資本の蓄積が増大する場合の労働者の受給関係は、生産の規模が2倍になれば不変資本も可変資本も2倍、労働者も2倍必要になり、資本家は労働力不足と賃金の上昇に悩むことになります。

第23章「資本主義的蓄積の一般的法則」

第1節「資本組成の不変なばあいにおける蓄積に伴う労働力需要の増加」

● 資本の構成

機械や原料などの生産手段の価値である不変資本と、労働力である可変資本からなる資本において、この不変資本と可変資本の組み合わせ

● 資本の価値構成

資本が不変資本と可変資本にどう分割されているかの量的比率で規定される。資本が100のとき、不変資本に80、可変資本に20投資したときの価値構成は、4対1

● 資本の技術的構成

生産過程で機能している素材の面から、「充用される生産手段の総量」と「その充用に必要な労働量」との比率によって規定される

● 資本の有機的構成

資本の価値構成と資本の技術的構成をまとめた概念で、資本の技術的構成によって規定され、技術的構成の変化を反映する限りでの資本の価値構成。単に資本の構成という場合には、資本の有機的構成をさす

「資本の集積」と「資本の集中」とは

協業からマニュファクチュア、機械制大工業への発展のうち、機械制大工業においては機械自体が不変資本となり、搾取や労働者との関係を考察してきました。これを資本の蓄積からみると、急激に発展していることがわかります。

18世紀から19世紀の紡績業の具体例では、18世紀初めには投下された資本価値は不変資本50、可変資本50だったのが、現在（19世紀）では不変資本87・5、可変資本12・5に変わったことが示されます。

これは資本の規模が4倍に増えてはじめて、18世紀と同じ数の労働者が雇用できるということです。資本が高度化したとき、可変資本が減るよりも生産規模が大きくなっていかないと、労働者ははじきだされてしまいます。

またこの節では、「資本の集積」と「資本の集中」についての解説をしています。資本の集積とは、資本の蓄積と拡大再生産にもとづく生産手段の集積のことです。資本の集中は、存在している資本がより大きな資本に吸収されたり、小さな資本が集まって大きな資本になることです。

さらに集積と集中に絡めて信用制度について考察します。信用制度とは小さな資本を集積し、大資本に貸し付けることです。資本主義的生産や蓄積が発展するのと同じ度合いで、集中のもっとも強力な2つのテコである競争と信用も発展するとして、商品価格を安くし販売数を増大させようという事業主の志向は、競争をはげしくさせ、商品価格を安くしようとする傾向を加速することを挙げています。

第23章「資本主義的蓄積の一般的法則」

第2節「蓄積とそれに伴う集積との進行中における可変資本部分の相対的減少」

●雇用の問題

18世紀から19世紀の紡績業の例

18世紀初めには投下された資本価値は
不変資本50　可変資本50

19世紀では
不変資本87.5　可変資本12.5

**資本の規模が4倍に増えてはじめて、
18世紀と同じ数の労働者が雇用できる
可変資本が減るよりも生産規模が大きくなっていかないと、
労働者ははじきだされる!**

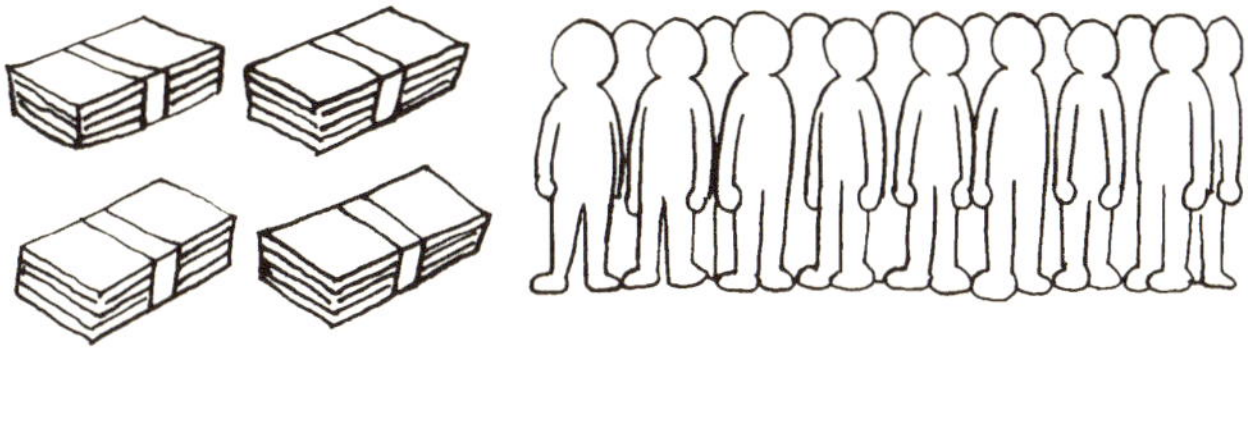

資本論
Das Kapital

第23章「資本主義的蓄積の一般的法則」第3節「相対的過剰人口または産業予備軍の累進的生産」

人口過剰による雇用問題

この節では、資本の蓄積が労働者に及ぼす影響の中の、雇用の問題を取り上げます。

資本主義的生産においては、生産諸手段が増大し、それに対応するために、より多くの労働者を確保しようとする傾向もますます大きくなります。

しかし、高度成長期でも新しい技術の導入によって以前よりも比較的少ない労働者でより大きな生産性を発揮する生産諸手段を拡張しようとする傾向が進み、不要となった労働者を排除することもあります。生産規模が広がり資本の蓄積が加速されると、ますます雇用が変動するのです。

また、資本の変転する増殖欲求のために、現実的人口増加の制限にかかわりなくいつでも使える搾取可能な人間材料のことを「産業予備軍」といいますが、資本主義的生産にとっては、人口の自然的増加によって提供される利用可能な労働力の分量だけでは決して十分ではなく、自由な生産活動をするには、産業予備軍を必要とします。資本の伸縮性という性格が、資本主義的生産の発展に応じて、ますます、より集中的に、より大規模に、より突発的に、大量の労働人口を、特定の生産部門にもとめるようになります。

この形態は、「過剰労働人口」の再生産と「吸収」、さらなる再形成という、「過剰労働人口」そのものの不断の転化にもとづいています。そしてまた、この産業循環の形態が、過剰人口を再生産するのです。

第23章「資本主義的蓄積の一般的法則」

第3節「相対的人口過剰または産業予備軍の累進的生産」

●雇用の変動

生産諸手段が増大 → それに対応するために より多くの労働者を確保 → **雇用増**

新しい技術の導入によって少ない労働者でより大きな生産性 → **雇用減**

●産業予備軍

資本の変転する増殖欲求のために、現実的人口増加の制限にかかわりなくいつでも使える搾取可能な人間材料

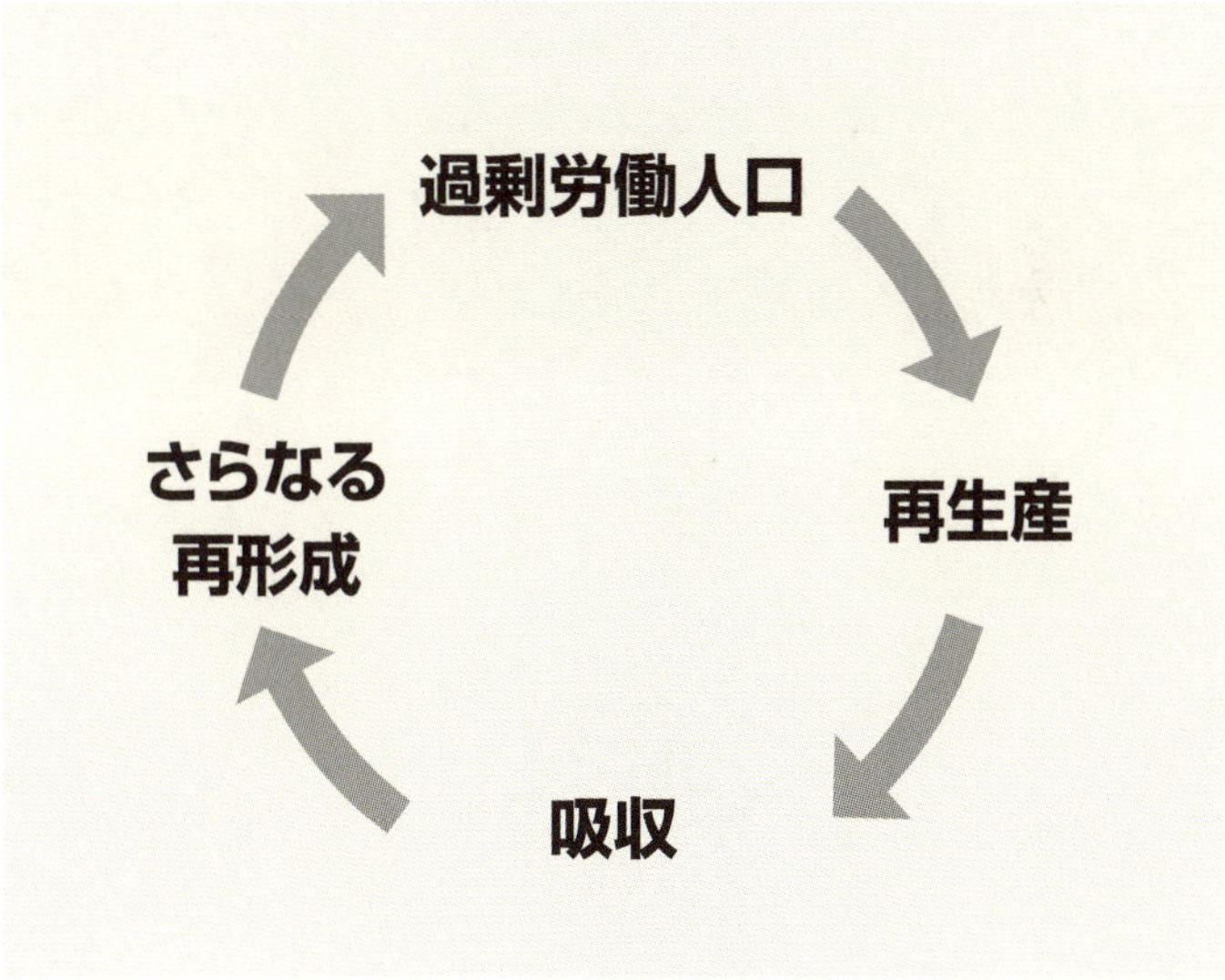

資本論

Das Kapital

労働者の形態を4つに分けて考察する

この章では相対的過剰人口について4つの形態を挙げて考察しています。

まず「流動的過剰人口」とは、未成年男子労働者が中心で、青年になると解雇される労働者たちです。中年の労働者もいますが、老衰し低い等級に落とされた人々で、労働者世代の急速な交代が見られます。19世紀後半の調査では労働者の平均寿命は15年、富裕階級では38年であったというから驚きます。

次に「潜在的過剰人口」とは、流動的過剰人口より悪い条件で、労働者として都市に吸収されるのを待つ農村人口のことです。

3つめは「停滞的過剰人口」で、現役労働者の一部も含まれますが、就業している労働者の代わりをなす、不規則な就業をする労働者たちのことです。

生活状態は労働階級の平均的な標準的水準以下に低下し、まさにこのために、彼らは資本の独自的搾取部門の広大な基礎となっています。最大限の労働時間と最小限の賃金が彼らの特徴です。

さらに悪い層が、慈善事業的な援助で生活している貧民層である「受救貧民」です。売春婦や浮浪者、犯罪者が含まれ、マルクスは彼らを「相対的過剰人口の最深の沈殿物」と呼びました。

マルクスは**「資本が蓄積されるのにつれて、労働者の報酬がどうであろうと――高かろうと低かろうと――労働者の状態は悪化せざるをえない」**と訴えます。

第23章「資本主義的蓄積の一般的法則」

第4節「相対的過剰人口の種々の存在形態。資本主義的蓄積の一般的法則」

●労働者の形態

- **流動的過剰人口**　未成年男子労働者が中心で、青年になると解雇される労働者たち。中年の労働者もいるが、老衰し低い等級に落とされた人々で、労働者世代の急速な交代が見られる
- **潜在的過剰人口**　流動的過剰人口より悪い条件で、労働者として都市に吸収されるのを待つ農村人口のこと
- **停滞的過剰人口**　現役労働者の一部も含まれるが、就業している労働者の代わりをなす、不規則な就業をする労働者たちのこと生活状態は労働階級の平均的な標準的水準以下に低下し、資本の独自的搾取部門の広大な基礎となっている
- **受救貧民**　慈善事業的な援助で生活している貧民層
売春婦や浮浪者、犯罪者が含まれる

マルクスはこう考える

「相対的過剰人口または産業予備軍をして、つねに蓄積の大きさおよび精力と均衡を保たせる法則は、ヘファイストスの楔がプロメテウスを岩に釘づけにしたよりもさらに固く、労働者を資本に釘づけにする」

（ギリシア神話にある、神の怒りを買ってコーカサスの岩に鎖で釘づけにされたプロメテウスが、どうやっても鎖をはずせなかった話にたとえて、資本の蓄積が拡大するほど過剰人口を増大させることを「均衡の法則」と呼び、それが労働者の抵抗と闘争を押さえ込むことを批判した）

第23章「資本主義的蓄積の一般的法則」第5節「資本主義的蓄積の一般的法則の例解」①

資本論
Das Kapital

高度成長期にも受救貧民層は増え続けた

　この節では、資本主義的蓄積の問題における一般的法則を実証するためにａ～ｆの項に分け、実例を挙げて解説しています。「ａ　１８４６―１８６６年のイギリス」では、統計資料と当時のイギリス政府高官や経済学者たちの経済情勢の評価を紹介しています。

　下院でのグラッドストン首相の演説からは、「１８４２年から１８５２年までに、この国の課税されうる所得は、６％増加した。……１８５３年から１８６１年までの８年間には、１８５３年を基準にすれば、それが20％増大した」という言葉を引用し、過去20年間にイギリスは世界で最も高い資本主義的発展をとげていたことを示しました。

　さらに「この恍惚とさせる富と力との増加は……全く有産階級のみに限られているが、しかし……しかし、それは一般的消費品を低廉にするのであるから、労働者人口にとっても、間接の利益でなければならない、――富者はますます富裕になったが、貧者もまた貧の度を減じた。貧窮の極度が軽減されたとは、私は敢えて言わない」とブラッドストンの言葉は続きます。

　しかし、受救貧民層の増加も公式統計によって検証されています。１８５５年には85万１３６９人、１８５６年には87万７７６７人、１８６５年には97万１４３３人と増え（綿花飢饉で１８６４年には、一時１０１万４９７８人に膨脹）、１８６６年の恐慌では、１８６５年に比べて１９・５％増の受救貧民を生み出したのでした。

第23章「資本主義的蓄積の一般的法則」

第5節「資本主義的蓄積の一般的法則の例解」①

● 1864年～1866年のイギリスの経済状況

・1842年から1852年までに、課税可能な所得は	➡ **6%増加**
・1853年から1861年までの8年間には、1853年を基準にすれば、課税可能な所得は	➡ **20%増大した**

一般消費物品も安くなるのであるから労働者人口にとっても間接的利益であるに違いない

⬇

・受救貧民層は

1855年には　**85万1369人**
1856年には　**87万7767人**
1865年には　**97万1433人**
1866年の恐慌では、
1865年に比べて**19.5%増**の受救貧民を生み出した

● H.フォーシット教授の論文からの引用

「もちろん私は、資本のこうした増加とともに、貨幣賃金も騰貴したことを否定はしないが、この外見上の利益は、おおかたふたたび失われている。なぜなら生活必要品の多くが絶えず騰貴するからである……富者は急速にいっそう富裕になるが、労働者階級の安楽の増加は少しも認められない。……労働者たちは、ほとんど、彼らの債権者である小売商人の奴隷となる」

劣悪な労働者の栄養状態と生活

「b　イギリス工業労働者階級の低賃金層」では、当時のイギリス政府「枢密院」から委嘱された医師、ドクター・スミスによって「もっとも健康で比較的よい境遇の家族」が対象とされた調査内容が紹介されています。

　この調査で判明した、都市労働者の栄養状態、住宅状態は、驚くべきものでした。「最低必要摂取栄養量」に比べ、失業状態にある綿業労働者および5部門の都市労働者の栄養摂取量は、すべて不足しているという結果でした。枢密院医務官のドクター・サイモンは、労働者層の生活全般は危機的状態だと指摘します。食料が優先されるので、住居や光熱、衣料などはもっと不足しているとみたのです。

　また、マルクスは、住宅状態の悪化が何からもたらされるかという問題について、「生産手段の集中が大量であればあるほど、それに応じて同じ空間における労働者の密集も、ますます甚《はなは》だしく、したがって資本主義的蓄積が急速であればあるほど、労働者の住宅状態は、ますます悲惨になる」と、高度成長にともなって都市改造が行なわれると、貧民の家が取り壊され、住宅難が起こることを示しました。

　当時のイギリス都市労働者の住宅事情の劣悪さは想像を絶するもので、都市への人口集中がすすむにつれ労働者の住宅事情が悪化し、劣悪な住環境へと追いやられ、工場の密集度合いが進むにつれ、仕事場の近くに住宅を確保するのが難しくなり、職場から住宅までの距離が遠くなってゆくということが起こったのでした。

第23章「資本主義的蓄積の一般的法則」

第5節「資本主義的蓄積の一般的法則の例解」②

●ドクター・スミスの調査内容

「最低必要摂取栄養量」に比べ、失業状態にある綿業労働者および5部門の都市労働者の栄養摂取量は、すべて不足している

●住宅状態の悪化が何からもたらされるか

生産手段の集中が大量であればあるほど、それに応じて同じ空間における労働者の密集もますます甚だしく、したがって資本主義的蓄積が急速であればあるほど、労働者の住宅状態は、ますます悲惨になる

「資本主義的正義に感嘆せよ!　地主、家主、事業家は、鉄道敷設や道路新設などの『諸改良』によって収用を受けても、充分な補償を与えられるに止まらない。なおそのうえに彼は、その強制された『禁欲』にたいしては、神と法とによって莫大な利潤をもって慰められねばならない。労働者は、妻子や持ち物と一緒に街頭に投げ出され――市当局が体面を保つことに汲々としている地区に、あまり多く押しかければ、そこでは衛生警察によって迫害される!」

資本論 Das Kapital

移動民の惨状と恐慌による労働貴族の惨状

「c　移動民」です。移動民とは、多くは農村出身者で、仕事があるときにだけ雇われる労働者です。大部分が工業的な仕事に従事し、仕事場から仕事場を渡り歩きます。

　彼らの施設は衛生管理が不十分で、天然痘、チフス、コレラなどの伝染病を招いたことが明らかにされています。

　また、鉱山労働者が住む小屋には、水の設備もトイレもなく、1つの部屋に10人以上が住み、小屋の家賃や水代は給料から天引きされます。給料は債務で赤字になり、逃げることもできないのでした。

「d　恐慌が労働者階級の最高給部分に及ぼす影響」では、1866年の恐慌が労働貴族にどのような影響を与えたかを考察します。

　この恐慌は、5月のロンドンの大銀行破産に始まり、金融会社の倒産が相次ぎ、全産業に波及しました。倒産や企業閉鎖、大量解雇によって失業者が街にあふれ、大銀行や大企業で働いていた労働貴族たちの惨状を伝えています。

　ロンドン東部の労働者居住地域で極貧層が増大し、この地区の極貧人口の約2割が、半年ほど前には「最高賃金」を得ていた人々でした。

　また、当時「労働者の楽園」と呼ばれたベルギーの標準的労働者家族の食事は、囚人に支給されていた食事よりも貧しかったという記録があり、マルクスは、皮肉をこめて、「資本家の楽園」と言い換えています。ベルギーでは、生活必需品の価格がほんの少しでも変化すると、死亡数と犯罪数とが変化するのでした。

第23章「資本主義的蓄積の一般的法則」

第5節「資本主義的蓄積の一般的法則の例解」③

●c 移動民

・移動民とは、多くは農村出身者で、仕事があるときにだけ雇われる労働者で、大部分が工業的な仕事に従事し、仕事場から仕事場を渡り歩く。

・彼らの施設は衛生管理が不十分で、天然痘、チフス、コレラなどの伝染病を招いた。

・鉱山労働者が住む小屋には、水の設備もトイレもなく、1つの部屋に10人以上が住み、小屋の家賃や水代は給料から天引きされる。給料は債務で赤字になり、逃げることもできない。

●d 恐慌が労働者階級の最高給部分に及ぼす影響

1866年の恐慌が労働貴族にどのような影響を与えたか。

5月のロンドンの大銀行破産

▼

金融会社の倒産が相次ぎ、全産業に波及。
倒産や企業閉鎖、大量解雇によって失業者が街にあふれた

▼

ロンドン東部の労働者居住地域で極貧層が増大し、
この地区の極貧人口の約2割が、
半年ほど前には「最高賃金」を得ていた労働貴族

▼

「労働者の楽園」と呼ばれたベルギーの
標準的労働者家族の食事は、囚人に支給されていた食事よりも
貧しかった。生活必需品の価格がほんの少しでも変化すると、
死亡数と犯罪数とが変化した

第23章「資本主義的蓄積の一般的法則」第5節「資本主義的蓄積の一般的法則の例解」④

イギリスの農業従事者たちの実情

「e　イギリスの農業プロレタリアート」は、農業プロレタリアートについての考察です。農業プロレタリアートとは、農業に従事する労働者のことで、自営で農業している人たちではありません。

　イギリスの農業は穀物法の廃止によって変容し、農業生産は自由競争の坩堝《るつぼ》となり、機械化・大規模化を促進しました。しかし農業労働者の労働価格は、生活費の増加に比例して増加せず、賃金は低下し、その結果、彼らの栄養状態、衛生状態、住環境も悪化したのです。

　また、当時のイギリス農村部で生じていた「過疎化」はあくまで「表面的」な現象で、都市部への農村部からの人口流入は加速してはいましたが、農村労働者は一部では過剰化、一部では過疎化していました。成人男性の割合は減り、婦人や児童が増えていたのです。

　この節の最後では、「婦人および児童の、農耕労働への強制引き入れ」とそのことがもたらす成年男性労働者の過剰化・賃金引き下げの悪循環について触れています。その典型例がイングランド東部における「労働隊制度」です。

　これは大借地農場経営者または地主の富のために存在し、その労働者数を標準的水準よりもはるか以下に保ち、あらゆる臨時仕事用に臨時労働者を準備しておき、わずかの金でできるだけ多くの労働をしぼりだしている、と伝えています。成年男子労働者を過剰にしておくのに、これ以上巧妙な方法はない、とマルクスはこの制度を批判しています。

第23章「資本主義的蓄積の一般的法則」

第5節「資本主義的蓄積の一般的法則の例解」④

● 農業プロレタリアートとは

自営で農業している人たちではなく農業に従事する労働者のこと。

● 農業プロレタリアートの実情

イギリスの農業は穀物法の廃止によって変容し、機械化・大規模化を促進。農業労働者の労働価格は、生活費の増加に比例して増加せず、賃金は低下し、その結果、彼らの栄養状態、衛生状態、住環境も悪化。

● イングランド東部における「労働隊制度」

大借地農場経営者または地主の富のために存在し、その労働者数を標準的水準よりもはるかに以下に保ち、あらゆる臨時仕事用に臨時労働者を準備しておき、わずかの金でできるだけ多くの労働をしぼりだす。

マルクスはこう考える

「もの言う道具である労働者は、借地農場者の飼うすべての動物のうちで、もっとも酷使され、もっとも粗食させられ、もっとも手荒く取り扱われるものとなり了った」

人口が減少したアイルランドの農業は

「f　アイルランド」では、イギリスに併合されているアイルランドの状況が紹介されています。ちなみに前項で取り上げたイギリスとは、イングランド、ウェールズ、スコットランドの3地方のことです。

　アイルランドとイギリスの間には、経済問題以外に、政治的、民族的、宗教的な問題もありましたが、マルクスはそれを承知のうえで取り上げる問題を絞ったとことわっています。

　当時、アイルランドは相次ぐ飢饉で餓死する者や、アメリカに移住する者が増え、人口減少が起きていました。マルクスがアイルランドの農業に関する統計資料から検証したのは、人口減少によって多くの土地が廃耕地になり、土地生産物を減少させたことです。

それにもかかわらず、人口の減少とともに地代と借地農業利潤は増加していました。人口減少のもとで農業革命が進行したのです。

　耕地を牧草地に変えて家畜を増やし、小規模農場が合併して大農場となって剰余生産物を増やしたことが要因です。

　しかし、大衆の状態は危機的で、人口減少にもかかわらず、農業革命によって新たに人口過剰となったため、賃金が下がってしまったのです。農地が牧草地に変わって、男性労働を必要としないリンネル産業が発展し、成年男子の雇用は増えませんでした。

　また、イギリスの農民は産業予備軍ですが、農業国のアイルランドでは逆に、農業予備軍が都市で補充されていました。

第23章「資本主義的蓄積の一般的法則」

第5節「資本主義的蓄積の一般的法則の例証」⑤

●アイルランドの農業革命

相次ぐ飢饉で餓死する者や、
アメリカに移住する者が増え、人口減少が起きていた

▽

人口減少によって多くの土地が廃耕地になり、
土地生産物は減少

▽

人口の減少とともに地代と借地農業利潤は増加

▽

人口減少のもとで農業革命が進行

▽

**しかし、人口減少にもかかわらず、農業革命によって
新たに人口過剰となり、賃金が下がってしまったため、
大衆の状態は危機的に！**

第24章「いわゆる本源的蓄積」第1節「本源的蓄積の秘密」

本源的蓄積には資産家と労働者が必要

「本源的蓄積」とは、資本主義的蓄積に先行する、資本主義的生産様式の結果ではなく、その出発点である蓄積のことです。本源的蓄積を研究するには資本が成立する条件を知る必要があります。それには2つの条件があります

まず、資本と資本家です。資本主義的生産過程を始めるには、生産手段か生産手段を買うお金と、労働者が生活を維持するための生活手段かそれを買うための労賃をもっていなくてはなりません。

「生産諸手段および生活諸手段の所有者」の存在が第1の条件です。

第2の条件は労働者の存在です。「自らの意志で労働力を売る自由な労働者」の存在が第2の条件となっています。

「彼らのすべての生産手段と、旧来の封建的諸制度によって与えられていたすべての生存保証とを奪われた後に、はじめて彼ら自身の売り手となる。そして、かような彼らの収奪の歴史は、血と火の文字をもって、人類の記録に書きこまれているのである」として、生産手段を失い、自分の労働力以外に売るものがなく、だれかに隷属していない、自分の意志で労働力を売るのが自由な労働者です。

この賃労働者の形成が、「本源的蓄積の歴史において歴史的に画期的なもの」であったとしています。

しかし、本源的蓄積の歴史は国によってさまざまな違いがあるため、この章ではイギリスを取り上げるとしています。

第24章「いわゆる本源的蓄積」

第1節「本源的蓄積の秘密」

● 本源的蓄積とは

資本主義的蓄積に先行する、資本主義的生産様式の
結果ではなく、その出発点である蓄積のこと。

● 資本が成立する条件

第1の条件

「生産諸手段および生活諸手段の所有者」の存在

資本主義的生産過程を始めるには、資本家が生産手段か生産手段を買うお金と、労働者が生活を維持するための生活手段かそれを買うための労賃をもっていなくてはならない。

第2の条件

「自らの意志で労働力を売る自由な労働者」の存在

ゲーテの風刺詩「教理問答」

この節では以下のようなゲーテの風刺詩「教理問答」が引用されている

「はるかに遠く過ぎ去ったある時代に、一方には勤勉で、聡明で、とりわけ倹約な選ばれた人々がいて、他方には怠惰で、自分のものすべてを、またそれ以上を浪費し尽くす浮浪者たちがいた。……前者は富を蓄積し、後者は結局自分自身の皮以外には売れるものをなにも持っていないということになった。そしてこの原罪以来、どんなに労働しても相変わらず自分自身よりほかにはなにも売るものを持っていない大衆の貧困と、ずっと以前から労働しなくなっているにもかかわらず、なお引き続いて増大する、少数の人々の富とが始まった」

資本論

Das Kapital

第24章「いわゆる本源的蓄積」第2節「農村住民からの土地の収奪」

繰り返し行なわれた土地の奪取

この節から、イギリスの本源的蓄積の歴史について考察していきます。まず、農奴制は解体し、大多数が自営農民で構成されていた14～15世紀の農村地方では、余暇を利用して大土地所有者のところで労働する農民と、自立した農民がいましたが、どちらも自分の農地と共同の用地を持っていました。

15世紀末から16世紀初頭にかけての絶対王権の確立期には、自営していた農民を土地から追い立てるとともに、共同用地を奪い取ったため、多数のプロレタリアートが発生しました。

次に16世紀、カトリック教会の宗教改革にともなう教会領によって、土地を奪取されます。彼らは旧来の世襲小作人を大量に追い払い、その経営地をひとまとめにして、法律によって保証されていた貧困な農村民の所有権を、暗黙のうちに没収したのです。

17世紀の終わり頃には、ヨーマンと呼ばれる独立農民や、農村労働者による共同使用地は、まだ存在していましたが、18世紀中には完全に姿を消しました。

マルクスは、「名誉革命」によって政治的支配の地位についた「地主的および資本家的貨殖家たち」による、「国有地の盗奪」と「共同地の横奪」だとしています。

最後は19世紀初めの「土地の清掃」で、国家権力によって計画的な牧草地への転換のため、多くの土地が奪われました。その凄まじい様相は、当時の研究者によって詳細に記録・考察されています。

第24章「いわゆる本源的蓄積」

第2節「農村住民からの土地の収奪」

● 土地の奪取

15世紀末～16世紀初頭
多数のプロレタリアートが発生

▼

16世紀
教会領による土地奪取

▼

18世紀
17世紀の終わりまで存在した独立農民や農村労働者による
共同用地が消滅

▼

名誉革命後
資本家的貨殖家たちによる国有地・共同地の奪取

▼

19世紀初め
国家権力による牧草地へ転換のための土地の奪取

マルクスはこう考える

「教会所領の掠奪、国有地の詐欺的譲渡、共同地の窃取、横領的で仮借のない暴行をもって行なわれた封建的および氏族的所有の近代的私有への転化、それは、いずれも本源的蓄積の牧歌的方法だった」

第24章「いわゆる本源的蓄積」第3節「15世紀末以来の被収奪者にたいする血の立法。労働賃金引下げのための諸法律」

血の立法で縛られた労働者たち

第2節で紹介したような事情で土地から追い出された人々は、都市へ流れ込みます。しかし、仕事につくことは難しく、浮浪者や盗賊、乞食になってしまう人が続出しました。そのため新しい法律がつくられたのですが、この「血の立法」によって、資本主義の搾取のしくみに組み込まれたのでした。

１５３０年、仕事のない人は、乞食となると鑑札がつけられ、浮浪者は鞭打ちと禁固処分のあと帰郷させられ強制労働をさせるなど、重罰を課す法律ができました。その後も１５４７年には労働を拒否した者を告発者の奴隷にする法律が、１５７２年には鑑札を持たない乞食に焼印を押したり死刑にしたりする法律ができたほか、グロテスクで凶暴な法律が王族や貴族たちによって制定されたのです。

こうして土地を奪取され、追放され、浮浪者となった農民たちは、拷問によって賃労働制度に必要な訓練を施され、労働力以外、売るものがない労働者となったのでした。

賃労働者の労賃に関しては、もっと早くから「血の立法」が用意されていました。１３４９年、エドワード3世時代の「労働者規定法」です。ここでは労働日の延長を強要しただけでなく、法定賃金を決めそれより高い賃金を払うことを禁止していました。また、同じ頃、労働者が賃金を要求して団結することも禁止され、これは１８７１年6月29日の条例まで続きました。しかしこの条例でもストライキに対する厳しい刑法が決定されたのです。

第24章「いわゆる本源的蓄積」

第3節「15世紀末以来の被収奪者にたいする血の立法。労働賃金引下げのための諸法律」

●血の立法

1530年	乞食となると鑑札がつけられる。 浮浪者は鞭打ちと禁固処分のあと帰郷させられ強制労働をさせる。
1547年	労働を拒否した者を告発者の奴隷にする。
1572年	鑑札を持たない乞食に焼印を押したり死刑にしたりする。

（労賃に関する法律）

1349年	「労働者規定法」で労働日の延長を強要。 法定賃金を決め、それより高い賃金を払うことを禁止。 また、同じ頃、労働者が賃金を要求して団結することも禁止された。

マルクスはこう考える

「かくして、暴力的に土地を収奪され、放逐され、浮浪人にされた農村民は、奇怪凶暴な法律に鞭打たれ、烙印され、拷問されて、賃金労働の制度に必要な訓練を施されたのである」

資本論

Das Kapital

第24章「いわゆる本源的蓄積」第4節「資本家的借地農業者の生成」

借地農業者が資本家へ

イギリスにおける労働者階級は、自然成長的に生まれたのではなく、農村から追い出された人々が前節で紹介したような経緯があって労働者となったのでした。

では、資本家はどこからきたのでしょう。本源的な資本家はどこから来たのかということを第4節、第5節、第6節で考察していきます。

第5節では、まず、農村民から土地を奪った者は、大土地所有者になるのであって、資本家とは違うことを指摘します。

大土地所有者から土地を借りて、大規模な農業経営を始めた農業資本家が登場して、土地所有者、借地農業者、農業労働者という関係が生まれます。借地農業者は、自分の資本を賃労働者の使用によって増殖し、剰余生産物の一部分を貨幣または現物で、大土地所有者に地代として支払います。この農業経営者が資本家として富を形成したのです。

借地農業者が資本家となった契機として考えられるのは、「農業革命」と「貨幣の減価」ではないかとしています。15世紀後半から16世紀全体にわたって続いた農業革命によって、借地農業者は富を手にします。

また16世紀に貴金属の価値＝貨幣の価値が、低落したことで労賃も低下し、労賃の一部が借地農業利潤に加えられました。

さらに当時は借地契約が長期だったので支払わなければならない地代は旧来の貨幣価値で契約されていたのですから、労働者と土地所有者の両方から富を得ていたのでした。

第24章「いわゆる本源的蓄積」

第4節「資本家的借地農業者の生成」

● 農業資本家とは

農村民から土地を奪った者

↓

大土地所有者

大土地所有者から土地を借りて、
大規模な農業経営を始めた者

↓

農業資本家

土地所有者　**借地農業経営者**　**農業労働者**

という関係が成立

● 借地農業者が資本家となった契機

・農業革命

15世紀後半から16世紀全体にわたって続いた農業革命によって、借地農業者が富を手にした。

・貨幣の減価

16世紀に貴金属の価値＝貨幣の価値が低落したことで労賃も低下し、労賃の一部が借地農業利潤に加えられた。さらに当時は借地契約が長期だったため、支払わなければならない地代は旧来の貨幣価値で契約されていたので、労働者と土地所有者の両方から富を得た。

農業と分離した大工業が国内市場を征服する

第24章「いわゆる本源的蓄積」第5節「工業への農業革命の反作用。産業資本のための国内市場の形成」

この節では農業と工業の関係について考察します。自営で農業をしていた農民の食料や衣料などの生活に必要なものは、大部分を自家生産していましたが、農村労働者たちの出現で、農産物は農業資本家によって、販売されるようになります。また、衣類やその他の原料などは、産業資本家から買わなくてはならなくなりました。

借地農業者が経営する農業と、産業資本家が経営するマニュファクチュアは、相互に市場を見出します。**「農村民の一部の収奪と放逐とは、労働者とともにその生活手段とその労働材料を産業資本のために遊離させるのみではなく、それはまた国内市場をつくり出す」**とマルクスは述べています。しかし、まだこの段階では、農村が産業資本のための国内市場を全面的に担うことはできず、それには、大規模な機械の導入が必要なのでした。

農業から追い立てられた人は、労働者となり、借地農業者のもとで農業労働者となるか、そこにできたリンネル紡績工場などで働くようになります。やがてこの工場が、大規模な機械性工業へと発展するのです。**「大工業が、はじめて機械をもって資本主義的農業の不変の基礎を与え、農村民の大多数を、根底から収奪し、家内的・農村的工業の根――紡績と織物――を引抜いて、農業とこれらの分離を完成するのである。したがって、産業資本のために全国内市場を征服するのもまた、大工業のはじめてなすところである」**というように、農業と分離した大工業は、国内市場全体を征服するのでした。

第24章「いわゆる本源的蓄積」

第5節「工業への農業革命の反作用。産業資本のための国内市場の形成」

●農業と工業の関係

農村労働者たちの出現で、
農産物は農業資本家によって、
販売されるようになる

↓

衣類やその他の原料などは、
産業資本家から買うようになる

↓

借地農業者が経営する農業と、
産業資本家が経営する
マニュファクチュアは相互に市場を見出す

↓

農業から追い立てられた人は、
労働者となり、借地農業者のもとで
農業労働者となるか、
そこにできたリンネル
紡績工場などで働くようになる

↓

この工場が、大規模な機械性工業へと発展する

第24章「いわゆる本源的蓄積」第6節「産業資本家の生成」

産業資本家が生まれた背景

前節でみたように、農業資本家は借地農業者から出現しましたが、この節では産業資本家について考えます。産業資本家の創生記は、緩慢な過程ではありませんでした。

15世紀から16世紀の「アメリカにおける金銀産地の発見、原住民の絶滅と奴隷化と鉱山への埋没、東インドの征服と略奪の開始、アフリカの商業的黒人狩猟場への転化」、さらに戦争という大激動の中で急激に起こったのでした。

さらに本源的蓄積は、植民制度、国債制度、近代的租税制度や保護貿易制度などの国家的制度が、主要な契機となったと述べます。

植民制度は販売市場と市場独占によって強化された蓄積を保障し、ヨーロッパの外で略奪、奴隷化、強盗殺人によって獲得された財宝は、本国に還流しそこで資本に転化したのです。

植民地の獲得と支配は大きな財政支出を必要とし、イギリスは国債制度でまかないましたが、これが株式制度や銀行制度、さらには近代的租税制度を発展させる契機にもなりました。この近代的租税制度が農民や手工業者からの「暴力的収奪」を生んだとマルクスは批判します。

続いて「**製造業者を製造し、独立労働者を収奪し、国民の生産手段と生活手段を資本化し**」た保護貿易制度が、本源的蓄積の方法になるとしています。

資本主義への勃興と繁栄の道が野蛮な暴圧によって開かれたという歴史的事実を指摘し、とくにイギリスの奴隷貿易とアメリカの綿花栽培を最も醜悪な現われとして挙げています。

第24章「いわゆる本源的蓄積」

第6節「産業資本家の生成」

● 産業資本家出現の背景

・15世紀から16世紀のアメリカにおける金銀産地の発見

・原住民の絶滅と奴隷化と鉱山への埋没

・東インドの征服と略奪の開始

・アフリカの商業的黒人狩猟場への転化

・ヨーロッパ諸国民の商業戦争

● 契機となった国家的制度

植民制度	販売市場と市場独占によって強化された蓄積を保障し、ヨーロッパの外で略奪、奴隷化、強盗殺人によって獲得された財宝は、本国に還流しそこで資本に転化
国債制度	植民地の獲得と支配のために国債を発行、これが株式制度や銀行制度、近代的租税制度を発展させる契機になる
近代的租税制度	農民や手工業者からの暴力的収奪を生んだ
保護貿易制度	製造業者を製造し、独立した労働者を収奪し、国民の生産手段と生活手段を資本化した

資本論

Das Kapital

第24章「いわゆる本源的蓄積」第7節「資本主義的蓄積の歴史的傾向」

個人的な私的所有と資本主義的な私的所有

資本主義の根源は「小経営」の生産者だとしています。「奴隷制、農奴制、およびその他の隷属的諸関係の内部」にも存在している「小経営」ではなく、だれにも隷属しない自由な小経営が、資本主義を生み出す土壌となったのです。労働者が自分の生産手段を持ち、生産物は労働者のものとなるという「自分の労働にもとづく個人的な私的所有」です。

小経営はやがて大規模な生産手段や労働者を使う協業などに取って代わり、資本主義へと発展していきます。ここでは労働者が働いても賃金をもらうだけで、労働の生産物は資本家のものです。これを「資本主義的な私的所有」と呼びました。

次に資本主義の未来について語ります。生産職はより社会的に大規模になり、技術も発展していきます。その他、土地の計画的利用や労働手段は資本家ではなく、共同体の成員のみが使うことになり、**「結合された社会的労働の生産手段として使用されることによるあらゆる生産手段の節約、世界市場網への世界各国民の組入れ、およびそれとともに資本主義体制の国際的性格」**が、発展するとしています。

さらに、貧困、隷従、抑圧、搾取などはいっそう強まるため、労働者階級のみならず人民大衆全体の利益との根本的対立も、ますます激しくならざるをえないと予測します。

最後に、生産者たちの手に生産手段を移し、生産者たちが生産手段を共有する社会主義・共産主義の社会についてふれています。

第24章「いわゆる本源的蓄積」

第7節「資本主義的蓄積の歴史的傾向」

● 私的所有

個人的な私的所有

労働者が自分の生産手段を持ち、生産物は労働者のものとなる。

資本主義的な私的所有

労働者は働いても賃金をもらうだけで、労働の生産物は資本家のものになる。

● 資本主義の未来

・生産職はより社会的に大規模になり、技術も発展する。

・土地の計画的利用や労働手段は資本家ではなく、共同体の成員のみが使うことになり、結合された社会的労働の生産手段として使用されることによるあらゆる生産手段の節約、世界市場網への世界各国民の組入れ、およびそれとともに、資本主義体制の国際的性格、が発展する。

・貧困、隷従、抑圧、搾取はさらに強まり、労働者階級だけでなく人民大衆全体の利益との根本的対立もますます激しくなる。

マルクスはこう考える

「資本主義的私有は、自己の労働に基づく個別的な私有の第一の否定である。しかし、資本主義的生産は、一種の自然過程の必然性をもって、それ自身の否定を産み出す。これは否定の否定である。この否定は、私有を再興するのではないが、しかしたしかに、資本主義時代の成果を基礎とする、すなわち、協同と土地および労働そのものによって生産された生産手段の共有とを基礎とする、個別的所有をつくり出す」

資本論

Das Kapital

第25章「近代植民理論」

処女地開拓をめぐる経済的考察

いよいよ第1部の最終章です。ここで扱われる植民地とは、新大陸アメリカをはじめとする自由人が移住して開拓した「処女地開拓」による植民をめぐる経済学的考察です。

この自由人とヨーロッパから乗り込んでいった資本との関係から、資本主義的蓄積、本源的蓄積を考察するのです。

ウェイクフィールドというイギリスの経済学者が『イギリスとアメリカ』という著書で、植民地に資本主義を植えつける理論をとなえました。これによると、まず、資本家が貨幣、生産手段、生活手段を持ってきても、雇う労働者がいなければ資本の活動はできないということでした。

移住してきた人たちは小経営を営むことができるので、彼らから土地を取り上げない限り賃労働をしようとする人は見つからないのです。

では賃労働者をヨーロッパの自分の工場から連れていったらどうか——この場合もすぐに独立労働に転化してしまいます。

そこで植民地の土地に人工的に高価格をつけて移住者に賃労働以外の道を絶ち、土地を売って得た資金で労働者を輸入し、植民地の資本家に提供する「組織的植民」という案を出します。この案は政府に採用されますが、大失敗に終わりました。

マルクスはこのことから、資本主義的生産様式と蓄積様式は、資本主義的な私的所有も、自己労働にもとづく私的所有の絶滅（労働者の収奪）を条件としているという結論が、間違っていなかったことを確認したのでした。

第25章「近代植民理論」

● 処女地の開拓と資本主義

（ウェイクフィールドの植民地に資本主義を植えつける理論から）

・資本家が貨幣、生産手段、生活手段を持ってくる

▽

雇う労働者がいなければ資本の活動はできない

・賃労働者をヨーロッパの自分の工場から連れていく

▽

独立労働に転化してしまい、資本の活動はできない

● 組織的植民とは

植民地の土地に人工的に高価格をつけ、移住者に賃労働以外の道を絶ち、土地を売って得た資金で労働者を輸入し、植民地の資本家に提供する

マルクスはこう考える

「われわれが関心をもつのは、旧世界の経済学によって、新世界で発見され、声高く宣言された秘密だけである。曰く、資本主義的生産様式と蓄積様式は、したがってまた、資本主義的私有は、自己の労働にもとづく私有の破壊、すなわち、労働者の収奪を条件としている」

Column

カール・マルクス伝説8

●愛妻イェニーの別れの挨拶

結婚後、マルクスと2人であらゆる弾圧や迫害、貧乏や病苦をともにしてきたイェニー夫人は、1881年12月、肝臓がんのため67歳でこの世を去ります。

苦しい闘病中でも冗談を言ってみんなを笑わせようとし、笑顔を絶やさなかったといいます。しかし、ついにマルクスに向かって「カール、私の力はつきました」と、別れの挨拶をしたのでした。

夫人はロンドンのハイゲート墓地に葬られるのですが、自らも病にあったマルクスは、妻を見送ることができなかったといいます。エンゲルスはその葬送の際、「他人を幸福にすることの中に最大の幸福を見出した女性が、かつてあったとするなら、それはこの奥さんでした」と述べました。

末娘のエリナも「お母さんの一生とともにお父さんの一生も終わりました」と、悲しんだそうです。まさにイェニーなくしてマルクスは語れないほど、2人の愛は強く、あらゆる苦難を乗り越えてきたのです。さらにフランスの社会主義者シャルル・ロンゲに嫁いでいた長女ジェニーが死に、マルクスは心身ともに衰弱していくのでした。

第2巻

資本の流通過程

第1篇　資本の諸変態とそれらの循環

第2篇　資本の回転

第3篇　社会的総資本の再生産と流通

資本論

Das Kapital

第1篇「資本の諸変態とそれらの循環」

貨幣資本、生産資本、商品資本の循環

『資本論』第2巻はマルクスの草稿をエンゲルスがまとめたもので、「資本の流通過程」と題され、3篇21章から成り立っています。

第1篇は第1章から第6章までで、資本の循環を取り上げます。資本の循環とは、資本が姿を変えながら一巡して、またもとの形に戻ることを差しています。まず第1部で提示された資本の循環運動は貨幣をG、商品をWとしたとき、G—W—Gで表わしました。

段階的には、第1段階は買い手として市場に登場した資本家の貨幣が商品に転換されるG—W、第2段階は購買された商品Wの生産的消費、第3段階はW—Gという商品の販売過程です。

購買された商品とは異なる使用価値をもち、より大きな価値をもつ商品Wをもって、資本家はふたたび市場に登場し、その商品Wを販売して貨幣に転換しました。

これをより分析的にしたのがG—W…P…W′—G′です。Pは生産過程で生産的に消費される商品Wで、ここでは流通過程で購買される商品と生産過程で消費される商品とが区別されています。点線は流通過程が中断されていることを示し、またW′およびG′は、剰余価値によって増殖したWおよびGを表わします。さらに生産資本の循環はP…W′—G′—W…P、商品資本の循環はW′—G′—W…P…W′で表わしました。

マルクスは、1つの資本の循環形式だけ見るのではなく、3つの循環形式を統合して見ることが大事だと述べています。

第1篇　資本の諸変態とそれらの循環

第1章 貨幣資本の循環

資本は貨幣資本、生産資本、商品資本という3つの形態があり、貨幣資本の循環は

G—W…P…W'—G' で表わされる。

(G＝貨幣、W＝商品、P＝生産過程で生産的に消費される商品W)

第2章 生産資本の循環

生産資本の循環は

P…W'—G'—W…P で表わされる。

第3章 商品資本の循環

商品資本の循環は

W'—G'—W…P…W' で表わされる。

第4章 循環過程の3つの形

貨幣資本、生産資本、商品資本の循環式は1つの産業資本がとるそれぞれの段階の姿ではなく、一定の資本はこれら3つの形態にとどまっている。また、過去の歴史を自然経済、貨幣経済、信用経済としてとらえている。

第5章 流通期間

商品が工場から出て市場に行き、売れるまでの期間を流通期間という。

第6章 流通費

流通期間は価値も剰余価値も生まないとして、売買期間、保管費、運輸費について解説。

資本論

Das Kapital

第2篇「資本の回転」

周期的に回転する資本の運動についての考察

資本の回転とは、資本の循環運動を時間的経過の中で見たものです。第2篇は第8章から第17章までであり、周期的に回転する資本の運動を取り上げます。

第2篇最初の第7章「回転期間と回転度数」では、資本の循環運動が、時間経過の中で、周期的に出発点と同じ形態に戻る期間が資本の回転期間となり、それは生産期間と流通期間からなっていることを解説しています。

第8章「固定資本と流動資本」では、資本の回転における労働手段の価値の流通様式によって、労働手段に投じられる資本部分が固定資本、その他の資本の成分が流動資本と規定しています。第9章では固定資本を含む「前貸資本の総回転」について解説し、第10章、第11章では固定資本と流動資本に関するいろいろな学説を批判しています。

第12章から第14章では、回転期間を構成するものとして、「労働期間」「生産期間」「流通期間」を挙げています。労働期間は、一度に市場に供給される量の完成に要する日数を差します。「生産期間」は、労働期間＋労働休止期間のことです。休止期間には工場や作業場の休止期間と、生産物とその生産そのものによる休止期間があります。「流通期間」は、資本の回転期間＝生産期間＋流通期間であり、流通期間＝販売期間＋購買期間だと定義しています。

第15章では回転期間が資本前貸しの大きさに及ぼす影響、16章では可変資本の回転、17章では剰余価値の流通について考察しています。

第2篇「資本の回転」

●第7章 回転期間と回転度数

資本の循環運動が、時間経過の中で、周期的に出発点と同じ形態に戻る期間が資本の回転期間となり、生産期間と流通期間からなっていることを解説。

●第8章 固定資本と流動資本

資本の回転における労働手段の価値の流通様式によって、労働手段に投じられる資本部分が固定資本、その他の資本の成分が流動資本と規定。

●第9章 前貸資本の総回転。回転の循環

固定資本を含む「前貸資本の総回転」について解説。

●第10章 固定資本と流動資本にかんする諸理論。重農学派とアダム・スミス／第11章 固定資本と流動資本にかんする諸理論。リカード

固定資本と流動資本に関するいろいろな学説を批判。

●第12章 労働期間／第13章 生産期間／第14章 流通期間

回転期間を構成するものには「労働期間」「生産期間」「流通期間」がある。

・労働期間は、一度に市場に供給される量の完成に要する日数。

・生産期間は、労働期間＋労働休止期間。
休止期間には工場や作業場の休止期間と、生産物とその生産そのものによる休止期間がある。

・流通期間は、資本の回転期間＝生産期間＋流通期間であり、流通期間＝販売期間＋購買期間。

●第15章 回転期間が資本前貸の大きさに及ぼす影響

回転期間が資本前貸しの大きさに及ぼす影響。

●第16章 可変資本の回転

前貸し資金の回収が長期の場合と短期の場合の比較。

●第17章 剰余価値の流通

剰余価値を実現する貨幣はどこから来るかを考察。

資本論

Das Kapital

第3篇「社会的総資本の再生産と流通」

単純再生産、拡大再生産の表式的考察

第3篇は第18章から21章までで、社会的再生産の物質的条件が、どのように資本価値の再生産と流通を介して維持されていくかを、再生産表式論として考察されています。

18章「緒論」では、社会的総資本の再生産運動とそれを媒介する流通過程は、商品資本の循環方式によって解明されるとして物質的再生産の原則、資本の運動法則を明らかにして、労働価値説の基礎を解説しています。

第19章「研究の対象にかんする従来の諸説」では、フランソワ・ケネーの経済表を評価したり、アダム・スミスの説を検討しています。

第20章「単純再生産」では、社会的総資本の運動は、個別資本の運動の総体からなっているとして、社会が1年間に供給する商品生産物を考察することによって、「社会的資本の再生産」がどのように行なわれるか、個別資本の再生産とどう区別されるのか、どんな性格が両者に共通なのか、を明らかにしています。

また、社会の総生産物は生産手段と消費手段の2大部門に分かれ、生産部門もこの2つの部門に分かれます。また、それぞれの部門の資本は、可変資本と不変資本からなっていることを、表式をもとに単純再生産に必要な諸転換を考察しています。

第21章「蓄積と拡大再生産」では、蓄積においては、商品資本の貨幣化にともない剰余価値を表わしている剰余生産物も貨幣化されることなどを踏まえ、拡大再生産の表式的考察をしています。

第3篇　社会的総資本の再生産と流通

第18章 緒論

社会的総資本の再生産運動とそれを媒介する流通過程は、商品資本の循環方式によって解明されるとして物質的再生産の原則、資本の運動法則を明らかにして、労働価値説の基礎を解説。

第19章 研究の対象にかんする従来の諸説

フランソワ・ケネーの経済表を評価したり、アダム・スミスの説を検討。

第20章 単純再生産

社会的総資本の運動は、個別資本の運動の総体からなっているとして、社会が1年間に供給する商品生産物を考察することによって、「社会的資本の再生産」がどのように行なわれるか、個別資本の再生産とどう区別されるのか、どんな性格が両者に共通なのか、を明らかにする。

社会の総生産物は生産手段と消費手段の2大部門に分かれ、生産部門もこの2つの部門に分かれる。それぞれの部門の資本は、可変資本と不変資本からなっている。

第21章 蓄積と拡大再生産

蓄積においては、商品資本の貨幣化にともない剰余価値を表わしている剰余生産物も貨幣化されることなどを踏まえ、拡大再生産の表式的考察をする。

Column

カール・マルクス伝説9

革命家マルクスの最期

1883年3月14日、エンゲルスが午後マルクスを訪ねるとマルクスが動けなくなったとみんなが泣いていました。エンゲルスが病室に入ると、マルクスはうとうとと眠っているようでしたが、そのまま息を引き取ってしまいます。享年65歳でした。それまでの激しい人生からは想像もつかないほど、あまりに静かな最期でした。

エンゲルスはアメリカ社会主義労働党の指導者であり友人のゾルゲにあてた手紙に、「人類はひとつの頭を失った。しかも人類がこんにち持っていた最も大事な頭を。プロレタリアートの運動は前進を続ける。だが、その中心がなくなった」と書きました。マルクスはハイゲート墓地のイェニーのそばに埋葬されます。このときもエンゲルスは葬送の辞を述べます。

「マルクスは、なによりもまず革命家でした。資本主義社会とそれによってつくりだされた国家制度との転覆に、何らかの方法で協力すること、近代プロレタリアートの解放のために協力すること、これが生涯をかけた、彼の本当の仕事でした。……彼の名は、そして彼の仕事もまた、幾世紀を通じて生きつづけることでありましょう！」

第3巻

資本主義的生産の総過程

第1篇　剰余価値の利潤への転化と剰余価値率の利潤率への転化

第2篇　利潤の平均利潤への転化

第3篇　利潤率の傾向的低下の法則

第4篇　商品資本および貨幣資本の商品取引資本および貨幣取引資本への転化（商人資本）

第5篇　利子と企業者利得とへの利潤の分割。利子付資本

第6篇　超過利潤の地代への転化

第7篇　諸収入とその諸源泉

第1篇「剰余価値の利潤への転化と剰余価値率の利潤率への転化」

資本論

Das Kapital

費用価格という概念について

第3部「資本主義的生産の総過程」は、マルクスが病気療養中に書いた不完全な草稿をもとに、エンゲルスが苦労してまとめたもので、7編52章から成り立っています。

第1篇は第1章から第7章まであり、剰余価値をつくりだす労働力を含む、すべての生産手段の価格である「費用価格」という概念や、剰余価値と利潤の違い、資本家的な信念について触れています。

そして利潤をm／C（mは剰余価値＝利潤、Cは総資本）という式で表わしました。さらに剰余価値率は利潤価値率より必ず高いことを明らかにし、剰余価値率を変動させるには労働強化か労働日の延長しかないということを3章までで述べています。

第4章は第5章につなげるためにすべてエンゲルスが書きました。第5章では、利潤率を引き上げるために、いかに節約するかについて考察し、生産期間を短縮して回転数が多くなるほど利潤率が高くなることを計算によって証明しています。

第5章では、具体的に不変資本の節約、労働条件の節約、動力生産、動力伝達、建物の節約、廃物の利用、発明による節約について書かれています。

第6章では不変資本の中の流動資本を取り上げています。さらに1861―65年の綿花恐慌についても触れ、第7章は第1篇のまとめとしてブルジョアが搾取労働を理解しない理由が語られます。

第1篇「剰余価値の利潤への転化と剰余価値率の利潤率への転化」

◉第1章 費用価格と利潤／第2章 利潤率／第3章 剰余価値率にたいする利潤率の関係

剰余価値をつくりだす労働力を含む、すべての生産手段の価格である「費用価格」という概念や、剰余価値と利潤の違い、資本家的な信念について解説。

利潤をm/C（mは剰余価値＝利潤、Cは総資本）という式で表わし、剰余価値率は利潤価値率より必ず高いことを明らかにし、剰余価値率を変動させるには労働強化か労働日の延長しかないということを解明。

◉第4章 回転の利潤率に及ぼす影響

第4章はエンゲルスの手によるもの。第5章につなげるため、生産期間を短縮して回転数が多くなるほど利潤率が高くなることを計算によって証明した。

◉第5章 不変資本の充用における節約

具体的に不変資本の節約、労働条件の節約、動力生産、動力伝達、建物の節約、廃物の利用、発明による節約について記述。

◉第6章 価格変動の影響

不変資本の中の流動資本を取り上げ、さらに1861―65年の綿花恐慌についても触れる。

◉第7章 補遺

第1篇のまとめとして、ブルジョアが搾取労働を理解しない理由を語る。

エンゲルス

一般的利潤率についての考察

第2編は第8章から第12章までであります。第8章では、ひとつの国の中で一般的利潤率がどうやって生まれるかを取り上げ、それは可変資本と回転数で決まると述べられます。

また、生産能力の発展に応じて与えられている資本の技術的構成と、価値構成の中で技術的構成の反映する「資本の有機的構成」という概念を、具体例を挙げて検討します。

第9章では、諸資本の競争から生まれる平均利潤率についての解説です。まず、平均利潤率の問題は価値の収奪の問題であるということ、そして価値を生み出すのが労働者ではなく不変資本であるという錯覚が生まれ、搾取が存在しないかのように見えるという問題を取り上げます。

第10章では生産価格と市場価格の分離について考察します。マルクスは市場価格を決定する欲望を社会的欲望という言葉で表わします。

第11章では、労賃が上昇した場合を考えます。労賃の上昇が資本家の有機的構成にどう影響するかを、3つのケースを挙げて紹介しています。

第12章では、生産価格が変化するのは一般的利潤率が変化する場合と、一般的利潤率が変化しなくても、それぞれの資本の生産価格が変化する場合の2つを挙げています。

このほか、不変資本と可変資本の比率に問題がない場合、利潤率は変わらないことや、競争が利潤率の平均化を生み出すことが述べられています。

第2篇「利潤の平均利潤への転化」

●第8章 相異なる生産部門における資本の不等な組成とそれから生ずる利潤率の不等

ひとつの国の中で一般的利潤率がどうやって生まれるかを取り上げ、可変資本と回転数で決まること、また、生産能力の発展に応じて与えられている資本の技術的構成と、価値構成の中で技術的構成の反映する「資本の有機的構成」という概念を、具体例を挙げて検討する。

●第9章 一般的利潤率（平均利潤率）の形成と商品価値の生産価格への転化

諸資本の競争から生まれる平均利潤率についての解説。平均利潤率の問題は価値の収奪の問題であるということ、そして価値を生み出すのが労働者ではなく不変資本であるという錯覚が生まれ、搾取が存在しないかのように見えるという問題を取り上げる。

●第10章 競争による一般的利潤率の均等化。市場価格と市場価値。超過利潤

生産価格と市場価格の分離について考察。マルクスは市場価格を決定する欲望を社会的欲望という言葉で表わす。

●第11章 労働賃金の一般的諸変動が生産価格に及ぼす諸影響

労賃が上昇した場合、資本家の有機的構成にどう影響するかを、3つのケースを挙げて紹介する。

●第12章 補遺

生産価格が変化するのは一般的利潤率が変化する場合と、一般的利潤率が変化しなくても、それぞれの資本の生産価格が変化する場合である。

また、不変資本と可変資本の比率に問題がない場合、利潤率は変わらないことや、競争が利潤率の平均化を生み出すことが述べられている。

資本論

Das Kapital

第3篇「利潤率の傾向的低下の法則」

機械で大量生産すると利潤率が下がる

第3篇は第13章から第15章です。資本による競争が激しい資本主義社会では、しだいに利潤率が低落する傾向があります。これを「利潤率の傾向的低落の法則」といい、第13章で取り上げています。機械を増やすことで生産量を増大させ、原料や材料を大量に使うことで、同じ労働者数で生産する場合でも、より多量の商品を生産することになり、商品の価値は安くなってしまいます。

利潤率は下がっても不変資本に携わる労働者数が増えれば、剰余価値は増えます。このことから資本主義は膨大な資本の蓄積と価値の再生産が必要だとしています。また、資本主義的様式が発展すればするほど今までと同じ労働力、さらに増大する労働力を使うには、ますます大きな資本が必要になることを示します。

第14章では、利潤率の傾向的低落に対する反作用や阻止する要因を6つ挙げています。それは①労働強化と労働日の延長によって利潤の比率を可変資本、不変資本より増やす、②労賃を引き下げる、③安い原料や材料を使う、④賃金を安くするため過剰人口にする、⑤輸入品を使って生活手段の価値を下げる、⑥株式資本を増加させる、の6点です。

第15章では、利潤率の傾向的低下の法則について考察します。この法則は生産の拡張と過剰生産により恐慌の誘因となるとしています。生産過剰によって労働者は過剰となり、労賃も下がっていきます。最後に部門によって利潤率はかなりの違いがあることに触れています。

第3篇「利潤率の傾向的低下の法則」

●第13章 この法則そのもの

資本による競争が激しい資本主義社会では、利潤率がしだいに低下する傾向があり、これを「利潤率の傾向的低落の法則」という。

利潤率は下がっても不変資本に携わる労働者数が増えれば、剰余価値は増えることから、資本主義は膨大な資本の蓄積と価値の再生産が必要だとする。また、資本主義的様式が発展すればするほど、ますます大きな資本が必要になる。

●第14章 反対に作用する諸原因

利潤率の傾向的低落に対する反作用や阻止する要因は以下の6つ。

①労働強化と労働日の延長によって利潤の比率を可変資本、不変資本より増やす。

②労賃を引き下げる。

③安い原料や材料を使う。

④賃金を安くするため過剰人口にする。

⑤輸入品を使って生活手段の価値を下げる。

⑥株式資本を増加させる。

●第15章 この法則の内的矛盾の展開

利潤率の傾向的低落の法則についての考察。生産過剰によって労働者は過剰となり、労賃も下がっていく。

また、農業と工業など、部門によって利潤率はかなりの違いがある。

第4篇「商品資本および貨幣資本の商品取引資本および貨幣取引資本への転化（商人資本）」

資本論

Das Kapital

商業資本の役割と剰余価値の関係

第4篇は第16章から20章までです。この篇では商業資本の役割と商業利潤としての剰余価値の分化形態を扱います。

第16章では、商業資本を中心に、金融資本、土地資本についても考察していきます。商業資本と商人資本を同義的に用いていますが、資本主義的生産にもとづき、産出される剰余価値の分与を受ける近代的商業資本の原理が明らかにされていきます。

第17章では流通過程で価値が生まれないのに、商業資本で商業利潤が生まれるのはなぜかという問題を取り上げます。それは商業利潤が産業利潤に入り込んでいるとし、商業資本で働く労働者の価値形成について考察していきます。

第18章では商品販売の回転が、利潤率にどう関係するかという問題を取り上げます。商品を産業資本から購入するための前貸し資本に対する利潤率は、売れる時期が違っても利潤は決定されているので、商品の回転とは関係ないことを示しています。また、回転数が多いと、個々の商品の価値が下がり安売りできると述べています。

第19章は貨幣取引資本についてです。金融業全体を指しますが、ここでは両替商を中心に扱っています。貨幣取引資本は産業資本と別に発達するとしていますが、その利潤は産業資本が生み出す剰余の一部だとしています。

第20章では商人資本に関する歴史的事実を紹介し、資本主義的生産様式に移行した契機としています。

第4篇「商品資本および貨幣資本の商品取引資本および貨幣取引資本への転化(商人資本)」

●第16章 商品取引資本
商業資本を中心に、金融資本、土地資本についても考察。資本主義的生産にもとづき、産出される剰余価値の分与を受ける近代的商業資本の原理を明らかにする。

●第17章 商業利潤
流通過程で価値が生まれないのに、商業資本で商業利潤が生まれるのはなぜかという問題を取り上げる。商業資本で働く労働者の価値形成について考察する。

●第18章 商人資本の回転。諸価格
商品販売の回転が、利潤率にどう関係するかという問題を取り上げる。商品を産業資本から購入するための前貸し資本に対する利潤率は、売れる時期が違っても利潤は決定されているので、商品の回転とは関係ない。また、回転数が多いと、個々の商品の価値が下がり安売りできる。

●第19章 貨幣取引資本
貨幣取引資本とは金融業全体を指すが、ここでは両替商を中心に扱う。貨幣取引資本は産業資本と別に発達し、その利潤は産業資本が生み出す剰余の一部。

●第20章 商人資本にかんする歴史的考察
商人資本に関する歴史的事実を紹介し、資本主義的生産様式に移行した契機だと指摘。

資本論

Das Kapital

利子論と信用制度の原理

第5篇「利子と企業者利得とへの利潤の分割。利子付資本」

第5編は第21章から第36章まで16の章で成り立っています。全体的に未整理で取り扱う対象も複雑です。

まず第21章では、利子を生み出す資本である「利子付資本」を取り上げ、貨幣が利潤を生み出すように見えることを問題としました。

第22章では利子率の限界の問題について、第23章では利子は労働者からしか生まれないという「利潤の転倒」について述べています。

第24章では、貨幣資本家が多額の利子を手に入れる構造を分析します。第25章は信用制度を取り上げ、基本形態である商業信用、銀行信用、擬制資本信用についてそれぞれ解説します。第26章の前半は1847年に起こった恐慌の引用が多用され、利子率が上昇しつづけた理由を貨幣資本の枯渇としています。

第27章は、信用論のまとめの章です。信用制度の役割として、①利潤率の均等化の媒介、②流通費の節約、③株式会社の設立、④株式制度、としています。第28章では通貨学派への批判を繰り広げ、第29章では国債、第30～32章では貨幣資本がどれだけ現実の資本を表わしているかを考察しています。

第33章は流通手段である銀行券についての考察、34章は通貨主義の学説と恐慌の関係を説き、第35章では、信用制度の不安定さや為替相場と利子率の関係を取り上げます。

第36章では、信用論の歴史を紹介します。利子付資本を高利貸し資本、商品資本と比較して、流れを説明しています。

第5篇「利子と企業者利得とへの利潤の分割。利子付資本」

● 第21章 利子付資本

利子を生み出す資本である「利子付資本」を取り上げ、貨幣が利潤を生み出すように見えることを問題とする。

● 第22章 利潤の分割。利子率。利子率の「自然的」な率

利子と利潤の関係を考察し、利子率には限界があるかという問題について考察。

● 第23章 利子と企業者利得／第24章 利子付資本の形態における資本関係の外在化

第23章は利子は労働者からしか生まれないという事実を見えなくしている「利潤の転倒」について、第24章は、貨幣資本家が多額の利子を手に入れる構造を分析。

● 第25章 信用と空資本

信用制度を取り上げ、基本形態である商業信用、銀行信用、擬制資本信用についてそれぞれ解説。

● 第26章 貨幣資本の蓄積、その利子率に及ぼす影響 第27章 資本主義的生産における信用の役割

第26章前半は1847年に起こった恐慌の引用が多用され、利子率が上昇しつづけた理由を貨幣資本の枯渇としている。第27章は信用論のまとめの章。

● 第28章 流通手段と資本。トゥックおよびフラートンの見解／第29章 銀行資本の構成部分／第30章 貨幣資本と現実資本Ⅰ／第31章 貨幣資本と現実資本Ⅱ（続）／第32章 貨幣資本と現実資本Ⅲ（結）

第28章は通貨学派への批判、第29章は国債、第30～32章では貨幣資本がどれだけ現実の資本を表わしているかを考察。

● 第33章 信用制度のもとにおける流通手段／第34章 通貨主義と1844年のイギリス銀行立法／第35章 貴金属と為替相場／第36章 資本主義以前

第33章は流通手段である銀行券についての考察、第34章は通貨主義の学説と恐慌の関係、第35章では、信用制度の不安定さや為替相場と利子率の関係を取り上げる。第36章では、信用論の歴史を紹介し、利子付資本を高利貸し資本、商品資本と比較して、流れを説明。

資本論

Das Kapital

第6篇「超過利潤の地代への転化」

資本と土地所有の原理的関係

第6篇は第37章から第47章まであり、地代論が展開されています。第37章では「われわれが土地所有を扱うのは、ただ資本によって生み出された剰余価値の一部分が土地所有者のものになるかぎりでのことである」として土地所有者を研究する前提が示されます。

第38章から第44章で差額地代の規定が展開されますが、要点は以下のようなものです。

まず自然の落流を使用している工場の超過利潤を例に挙げています。ほかの工場より生産率が高くなり、価値に占める労働の割合が低くなります。これが有名な落流の例です。落流を利用している土地とほかの土地との差異性が差額地代です。超過利潤は土地の豊かさである豊度と土地の位置で形成され、豊度を4つに分類して考察します。また、土地に投資することで生産性が上がり、差額地代を上げることができるとしています。

しかし徐々に収穫が低減し、差額地代の上昇はあまり望めないこと、生産価格が減少すると地代は減るということ、最後は地代のない土地はないことが語られます。

第45、46章では地理的条件が良い土地は独占的な位置を占め、例として貴腐ワインの原料となるような特別なぶどうを生産する山は独占価格を生むことを紹介しています。そして封建社会での労働地代や生産物地代の貨幣地代への推移が重要な契機となったとしています。第47章は、地代がどこから来るのかについて、考察しています。

第6篇「超過利潤の地代への転化」

●第37章 緒論

土地所有者を研究する前提が示される。

●第38章 差額地代。総論／第39章 差額地代の第一形態（差額地代I）／40章 差額地代の第二形態（差額地代II）／第41章 差額地代II―第一、生産価格が不変なばあい／第42章 差額地代II―第二、生産価格が低下するばあい／第43章 差額地代II―第三、生産価格が上昇するばあい。結論／第44章 最劣等耕地にも生ずる差額地代

自然の落流を使用している工場の超過利潤を例に挙げ、ほかの工場より生産率が高くなり、価値に占める労働の割合が低くなることを示す。落流を利用している土地とほかの土地との差異性を差額地代という。超過利潤は土地の豊かさである豊度と土地の位置で形成され、土地に投資することで生産性が上がり、差額地代を上げることができるが、徐々に収穫が低減し、差額地代の上昇はあまり望めないこと、生産価格が減少すると地代は減るということ、最後は地代のない土地はないことが語られる。

●第45章 絶対地代／第46章 建築地地代。鉱山地代。土地価格

地理的条件が良い土地は独占的な位置を占め、独占価格を生むことを紹介。封建社会での労働地代や生産物地代の貨幣地代への推移が重要な契機となったことを語る。

●第47章 資本主義的地代の生成

地代はどこから来るのかを考察。

資本論

Das Kapital

第7篇「諸収入とその諸源泉」

資本主義的生産関係の本質を隠蔽するもの

第7篇は第48章から第52章までありますが、未完成な草稿という印象の篇となっています。

第48章では「資本―利潤、土地―地代、労働―労賃、これが社会的生産過程のすべての秘密を表わす三位一体の形態である」と述べています。

さらに「資本―利子、土地―地代、労働―労賃。ここでは資本主義的生産様式をとりわけ特徴づける剰余価値形態である利潤は、幸いにも排除される」と著され、利潤、地代、労働はすべて労働者がつくるものなのに、なぜ分かれて見えるかを考察します。

第49章では、1年の総収益、総所得、純所得の問題を取り上げます。

第50章では、競争の中で地代や利潤が変動することによって、剰余価値と賃労働の関係がわかりにくくなっていることを説明しています。

第51章では、『経済学批判』の序文に書かれた唯物論の定式と同じように、生産力の発展と生産関係がさまざまな関係を変化させていくことが語られています。

また、地代、利子、労賃という所得の分配関係自体が、資本主義的生産関係を反映したものであることを説明しています。

最終章の52章では、「賃金労働者、資本家、土地所有者こそ近代の資本主義的生産様式を基礎とする近代社会の3大階級」として3つの階級を忘れてはならないとしています。そのうえで、搾取による階級社会を終わらせ、自由な個人の協業社会である社会主義社会を、と提案しています。

第7篇　諸収入とその源泉

● 第48章 三位一体の定式

「資本─利潤、土地─地代、労働─労賃、これが社会的生産過程のすべての秘密を表わす三位一体の形態である…資本─利子、土地─地代、労働─労賃。ここでは資本主義的生産様式をとりわけ特徴づける剰余価値形態である利潤は、幸いにも排除される」と著され、利潤、地代、労働はすべて労働者がつくるものなのに、なぜ分かれて見えるかを考察。

● 第49章 生産過程の分析のために

1年の総収益、総所得、純所得の問題を取り上げる。

● 第50章 競争の外観

競争の中で地代や利潤が変動することによって、剰余価値と賃労働の関係がわかりにくくなっていることを説明。

● 第51章 分配諸関係と生産諸関係

生産力の発展と生産関係がさまざまな関係を変化させていくことを語り、地代、利子、労賃という所得の分配関係自体が、資本主義的生産関係を反映したものであることを説明。

● 第52章 諸階級

賃金労働者、資本家、土地所有者という3つの階級を忘れてはならないとしたうえで、搾取による階級社会を終わらせ、自由な個人の協業社会である社会主義社会を、と提案。

▼参考文献

「マルクス 資本論（一）〜（九）」エンゲルス編　向坂逸郎／訳　岩波書店
「資本論　第一巻」「資本論　第二巻」「資本論　第三巻」長谷部文雄／訳　青木書店
「『資本論』を読む」伊藤 誠／著　講談社
「マルクス」小牧 治／著　清水書院
「『資本論』全三部を読む　第一冊〜第七冊」不破哲三／著　新日本出版
「資本論を物象化論を視軸にして読む」廣松 渉／編　岩波書店
「超訳『資本論』」「超訳『資本論』第2巻」「超訳『資本論』第3巻」的場昭弘／著　詳伝社
「マルクスだったらこう考える」的場昭弘／光文社
「世界一簡単なマルクス経済学の本　マルクスる？」小暮太一／著　星雲社
「理論劇画　マルクス資本論」門井文雄／原作　紙屋高雪／構成・解説　かもがわ出版
「マルクス 経済学批判」武田隆夫・遠藤湘吉・大内 力・加藤俊彦／訳　岩波書店
「マルクス エンゲルス 共産党宣言」大内兵衛・向坂逸郎／訳　岩波書店

●監修者略歴

土肥　誠（どひ・まこと）

1959年京都府生まれ。

筑波大学大学院博士課程社会科学研究科単位取得退学。修士（経済学）。

衆議院議員政策担当秘書、公共政策プラットフォーム研究員、LEC東京リーガルマインド大学、LEC東京リーガルマインド講師、LEC総研第1研究所研究員等を歴任。

現在、セーフティーネット研究所代表。

著書は『アメリカの経済安全保障としてのe-Japan戦略』（『マルクス経済学の現代的課題　第Ⅰ集グローバル資本主義第2巻　情報革命の射程』2007年・御茶ノ水書房刊所収）、論文は『アメリカ経済構造の変化と軍事の変容　―冷戦の終結を軸として―』（『社会理論研究』第3号2001年9月発行所収）、『軍需産業の軍民転換　―冷戦後アメリカ航空宇宙産業を中心に―』（『社会理論研究』第2号2000年5月発行所収）『東西冷戦とパクス・アメリカーナ　―戦後世界経済編成についての一考察―』（『筑波大学　経済学論究』第23号2000年）他多数。

学校で教えない教科書

面白いほどよくわかる
マルクスの資本論

＊

平成21年8月25日　第1刷発行

監修者
土肥　誠

発行者
西沢宗治

印刷所
誠宏印刷株式会社

製本所
大口製本印刷株式会社

発行所
株式会社日本文芸社
〒101-8407　東京都千代田区神田神保町1-7
TEL.03-3294-8931［営業］, 03-3294-8920［編集］
振替口座　00180-1-73081

＊

ISBN 978-4-537-25693-2
112090810-112090810Ⓝ01
編集担当・大谷
URL　http://www.nihonbungeisha.co.jp

■学校で教えない教科書■

複雑な世の中を222テーマ別にしっかり理解できる

面白いほどよくわかる 改訂新版 世の中のしくみ

日本世相調査研究会 編

定価：本体1400円＋税

世の中の素朴な疑問をピックアップし、そのすべてに答える改訂版。

紛争・テロから危険地帯まで、「世界の危機」を読み解く

面白いほどよくわかる 改訂新版 世界の紛争地図

世界情勢を読む会 編著

定価：本体1300円＋税

世界の主要な紛争危険地域を網羅。歴史から最新情勢までわかる。

世界を席巻する巨大企業グループと産業市場の全貌！

面白いほどよくわかる 企業集団と業界地図

大薗友和 著

定価：本体1400円＋税

企業系列、全国と地方の業界地図と情報満載。業界地図本の決定版！

マクロ経済からミクロ経済まで素朴な疑問を一発解消

面白いほどよくわかる 最新経済のしくみ

神樹兵輔 著

定価：本体1400円＋税

最低限知っておきたい経済用語と、最新の経済問題がよくわかる！

日本文芸社

http://www.nihonbungeisha.co.jp
弊社ホームページから直接書籍を注文できます。